Investigadores de reconhecido mérito, nos mais diversos campos do pensamento filosófico, contribuem, com o seu trabalho, para transmitir ao leitor, especialista ou não, o saber que encerra a Filosofia.

Concepções
da Justiça

TÍTULO ORIGINAL
Concepções da Justiça

© João Cardoso Rosas e Edições 70, 2011

DESIGN DE CAPA
FBA

DEPÓSITO LEGAL Nº 326475/11

Biblioteca Nacional de Portugal - Catalogação na Publicação

ROSAS, João Cardoso

Concepções da justiça. - (O saber da filosofia ; 41)
ISBN 978-972-44-1673-1

CDU 172

IMPRESSÃO E ACABAMENTO
PAPELMUNDE
para
EDIÇÕES 70
Setembro de 2020

Todos os direitos reservados.

EDIÇÕES 70, uma chancela de Edições Almedina, S.A.
LEAP CENTER – Espaço Amoreiras
Rua D. João V, n.º 24, 1.03 – 1900-221 Lisboa / Portugal
e-mail: editoras@grupoalmedina.net

www.edicoes70.pt

Esta obra está protegida pela lei. Não pode ser reproduzida,
no todo ou em parte, qualquer que seja o modo utilizado,
incluindo fotocópia e xerocópia, sem prévia autorização do Editor.
Qualquer transgressão à lei dos Direitos de Autor será passível
de procedimento judicial.

Concepções da Justiça
João Cardoso Rosas

Nota introdutória

Este livro visa familiarizar os leitores com os eixos fundamentais da reflexão contemporânea sobre o conceito de justiça. O capítulo I procura esclarecer o modo como os pensadores políticos contemporâneos abordam o assunto, distinguindo a sua metodologia de outras abordagens usuais na história da Filosofia ou Teoria Política. O leitor menos habituado a frequentar essa história, ou menos interessado em questões de ordem conceptual e epistemológica, terá alguma vantagem em saltar o primeiro capítulo e passar directamente aos capítulos II, III e IV – eles constituem o cerne desta obra.

No capítulo II, explicita-se a concepção liberal-igualitária da justiça. Esta concepção alicerça-se no labor teórico do norte-americano John Rawls e constitui o centro e o cerne da Filosofia ou Teoria Política contemporâneas. Podemos mesmo dizer que as concepções adversárias desta são, em grande parte, desenvolvidas contra Rawls e os seus amigos. Assim, a concepção de justiça radicalmente individualista desenvolvida por Robert Nozick e outros – a que chamamos "concepção libertarista" – constitui uma primeira via possível de crítica e alternativa à concepção de Rawls. O capítulo III dedica-se à sua análise. Na barricada teórica contrária a esta situa-se a crítica comunitarista a Rawls, iniciada por Michael Sandel e desenvolvida por diversos pensadores, como por exemplo Michael Walzer. Essa concepção comunitarista da justiça é o objecto do capítulo IV.

Note-se que as três grandes concepções aqui analisadas – liberal-igualitária, libertarista e comunitarista – patenteiam modos diferentes de pensar e justificar aquilo em que a justiça consiste, mais do que simples alternativas políticas no sentido comum da palavra. Pretendemos apresentar essas diversas correntes, ou concepções da justiça, na sua melhor forma e, sobretudo, fazê-las dialogar entre si, evitando a sua simples descrição como paradigmas estanques. Caberá ao leitor decidir qual das concepções analisadas mais o seduz e, eventualmente, para que tipo de acção política essa concepção poderá conduzi-lo.

Nos capítulos IV e V confrontamos aqueles que nos parecem ser os principais desafios à conceptualização da justiça para as sociedades em que vivemos. Em primeiro lugar, no capítulo IV, tratamos a relação entre a justiça e a multiculturalidade. As diferentes sociedades políticas estão hoje confrontadas com o crescente pluralismo cultural das suas populações. Como é então possível, nessas circunstâncias, que a sociedade possa ser ordenada de acordo com uma concepção de justiça partilhada pelos cidadãos? Não será que, nessas circunstâncias, a própria justiça deve prever a diversidade cultural, em vez de pressupor a homogeneidade?

Em segundo lugar, no capítulo V, abordamos o desafio colocado pela globalização em relação à justiça no sentido económico e social. Os fluxos tecnológicos e comerciais que tornaram o mundo mais global mostraram também, com maior evidência, as disparidades de rendimento e riqueza entre as diferentes sociedades no planeta. Será então desejável, nestas circunstâncias, continuar a pensar em que consiste a sociedade justa tendo como referência apenas cada Estado tomado individualmente? Ou será agora mais relevante aplicar as nossas concepções de justiça ao mundo como um todo, independentemente das fronteiras políticas?

Para terminar, gostaríamos de deixar uma palavra sobre a génese deste livro. Ele resulta de uma experiência de vários anos na leccionação das teorias contemporâneas da justiça, tanto na Universidade do Minho, em Braga – a estudantes de Filosofia –, como no Instituto de Estudos Políticos da UCP, em Lisboa – a estudantes de Ciência Política. Essa experiência deu lugar a um relatório apresentado a concurso para professor associado, em 2008. Foi com base nesse relatório que preparámos o texto aqui publicado. Na sua fase final, o texto beneficiou dos comentários e sugestões dos membros do "Grupo de Teoria Política" da Universidade do Minho.

Esta publicação não teria ocorrido sem o incentivo providenciado pela Edições 70 e, muito especialmente, pelo Doutor Miguel Morgado, que teve o cuidado de ler e comentar o primeiro manuscrito. Também ele pertence ao já numeroso rol dos nossos ex-alunos, com quem tivemos a oportunidade de discutir as matérias aqui tratadas ao longo dos anos, num espírito de permanente crítica e inquirição. A todos eles – e, especialmente, àqueles que discordaram de nós em alguma ocasião – dedicamos esta obra.

Capítulo I

Justiça: conceito e concepções

Pensar a ideia de justiça no quadro da Filosofia Política contemporânea significa, antes de mais, renunciar ao realismo conceptual instituído por Platão, eventualmente herdado da maiêutica socrática, e patenteado na *República*. O realismo conceptual platónico, *i.e.*, a teoria segundo a qual a justiça é um conceito que tem uma realidade substantiva externa à própria discussão política, num "mundo das ideias" separado da esfera do sensível, é influente em toda a história do pensamento ocidental e, desde logo, na Filosofia antiga. Neste contexto, a justiça na *polis* tende a ser vista como metafisicamente isolada face ao debate político corrente. Este é relegado para o domínio da mera opinião, ou *doxa*, enquanto a definição da justiça permanece no plano do conhecimento racionalmente justificado, ou *episteme*.

A Filosofia moderna, mesmo rompendo parcialmente, através das teorias do contrato social, com o naturalismo do pensamento antigo – e, por extensão, medieval –, continua a ser tributária do realismo conceptual platónico. De Hobbes a Kant, prevalece a ideia de que a justiça pode e deve ser definida independentemente da contingência histórica, mesmo quando a sua ancoragem numa realidade transcendente, típica do pensamento pré-moderno, dá lugar a uma abordagem situada no sujeito transcendental. Ou seja, ainda que o *eidos* platónico tenha sido, no quadro do pensamento moderno, progressivamente des-substancializado – processo que culmina na revolução copernicana de Kant –, ele não deixa de manifestar a sua presença na convicção da possibilidade de definição da justiça enquanto princípio a-histórico. Não é essa a perspectiva prevalecente na Filosofia Política contemporânea.

O pensamento contemporâneo sobre a justiça pode ser aproximado da crítica wittgensteiniana do substancialismo conceptual. Nas *Investigações Filosóficas*, Wittgenstein rejeita a ideia de que a compreensão de um termo – por exemplo, "justiça" – signifique a indicação de algo real que esse termo nomearia. Mas ele abandona também a ideia de que as palavras podem ser definidas e de que essa definição revelaria a sua essência. Desta forma, a herança platónica fica definitivamente posta de parte. A investigação sobre um termo como "justiça" já não pode significar a busca da realidade que lhe subjaz, ou de qualquer essência fixa, mas antes o estudo do seu uso em diferentes contextos.

No entanto, apesar do efeito catártico que a posição de Wittgenstein tem para a Filosofia Política na sua herança platónica, essa posição não deixa de ser interpelante e de suscitar a sua superação. Com efeito, aos filósofos políticos interessa não apenas estudar o uso de "justiça" na linguagem corrente – esse trabalho pode ficar para os sociólogos e sócio-linguistas –, mas também e sobretudo pensar em que consiste uma sociedade justa, apesar das dificuldades que tal empreendimento intelectual suscita no contexto contemporâneo.

A melhor forma de ilustrar essas dificuldades é a referência ao contributo de W. B. Gallie e à sua noção, tão citada mas tão raramente compreendida, de "conceitos essencialmente contestados". Na definição de Gallie, conceitos essencialmente contestados são "conceitos cujo uso apropriado implica, inevitavelmente, disputas intermináveis por parte daqueles que os usam."([1]) Este autor considera, precisamente, que o conceito de "justiça social" é essencialmente contestado, tal como o são outros conceitos no campo político (por exemplo, o de "democracia"), ou no campo estético, como "arte", ou ainda no campo religioso, como "religião". Mas aqui interessa-nos apenas o conceito de "justiça".

Para compreendermos um conceito essencialmente contestado como "justiça" temos de perceber a disputa em torno do seu melhor uso. Mas comecemos por um exemplo diferente e mais prosaico. Gallie sugere o exemplo do conceito de "campeão". Nos campeonatos desportivos a que estamos habituados é certamente normal – e não contestado – que, em determinado momento, uma equipa seja considerada "campeã". Mas imagine-se que, num campeonato hipotético, cada equipa se especializa num determinado método, estratégia e estilo de jogo. Neste campeonato, os campeões não são escolhidos em função do número de vitórias ou de pontos obtidos. Os campeões são antes "aqueles que jogam melhor" e o campeonato nunca tem fim. Os campeões do dia de hoje podem não ser os mesmos do dia de amanhã, ou da próxima jornada. Não há árbitros oficiais nem regras demasiado estritas. Cada equipa tem os seus adeptos e simpatizantes. Aquela que os tiver em maior número e capacidade para produzir um apoio ruidoso tem também a capacidade para ser considerada "a campeã". Mas isso não impede que os apoiantes de outras equipas considerem ser a sua equi-

---

([1]) W. B. Gallie, "Essentially Contested Concepts", in *Philosophy and the Historical Understanding*, London, Chatto and Windus, 1964, cap. 8, p. 158.

pa a "verdadeira campeã". Ainda que, a certa altura, possa existir consenso quanto à excelência de uma equipa num determinado estilo, os adeptos de outras equipas poderão continuar a reivindicar a excelência da sua com base no seu estilo específico de jogo. Existe uma disputa contínua não apenas sobre quem deve ser considerado campeão, mas também sobre o próprio significado de ser campeão. Este é um exemplo ilustrativo da contestabilidade essencial do conceito de "campeão".

Assim, é possível estabelecer as condições formais de um qualquer conceito essencialmente contestado: esse conceito deve ser valorativo e referir-se a um qualquer tipo de realização; essa realização deve ser internamente complexa; como tal, ela pode ser descrita de diferentes modos; ela também sofre mudanças com as circunstâncias – é aberta, nesse sentido. Acresce ainda, e com especial importância, o facto de um conceito essencialmente contestado ser sempre usado contra outros usos do mesmo conceito. Portanto, um conceito essencialmente contestado é "agressivo-defensivo". Para além destas cinco características formais, Gallie considera que, para que se trate do mesmo conceito, é necessário que os diferentes contendores reconheçam a existência de um qualquer uso exemplar do conceito – um protótipo de equipa campeã, um protótipo de justiça – cujo *optimum* eles procuram atingir, ainda que divirjam sobre o modo de o fazer.

Embora alguns tenham sugerido no passado que a ideia de conceitos essencialmente contestados conduz a uma forma de relativismo[2], essa interpretação não colhe. Pelo contrário, o relativismo em relação à melhor explicitação de um conceito pararia a disputa em torno dele. A ideia de contestabilidade essencial, ao invés, acentua a necessidade

---

[2] V. John Gray, "On the Contestability of Social and Political Concepts", *Political Theory*, Vol. 5, N. 3, 1977, pp. 331-348.

de continuar a disputa. Mas rejeita a ideia de que exista "o conceito" de justiça, tal como ele poderia ser interpretado na tradição platónica. Em vez disso, admite a possibilidade de que, na competição pela melhor interpretação de um conceito, há versões melhores e versões piores. Não existe qualquer contradição entre a aceitação da contestabilidade essencial de um conceito e a procura da melhor versão desse conceito, ainda que nem todos possam concordar com essa melhor versão. Tal é a natureza da investigação sobre conceitos como o de "justiça".

Mas podíamos tentar, apesar de tudo, o estabelecimento de um conceito básico de justiça, a partir do qual a controvérsia filosófica teria lugar. Isso mesmo foi intentado por Chaïm Perelman há já várias décadas. Perelman distingue entre a "fórmula formal ou abstracta da justiça" e "as fórmulas concretas da justiça". No sentido abstracto, a justiça é um princípio segundo o qual "os seres de uma mesma categoria essencial devem ser tratados da mesma forma"([3]). A discordância ou mesmo a confusão sobre aquilo em que a justiça consiste advém precisamente da necessidade de especificar em fórmulas concretas quais são as categorias de seres que devem ser tratados da mesma forma, assim como o que significa exactamente "ser tratado da mesma forma". Podemos considerar todos os seres humanos como pertencendo à mesma categoria, ou podemos introduzir categorias diferentes; podemos ainda especificar diversas modalidades de tratamento da mesma forma: segundo o mérito, o trabalho, a necessidade, etc.

A distinção de Perelman é retomada por Hart. Este distingue entre a "noção básica de justiça" e as "aplicações da

---

([3]) Chaïm Perelman, *The Idea of Justice and the Problem of Argument*, London, Routledge and Kegan Paul, 1963, p. 16. O primeiro capítulo desta obra, aqui citado, é a tradução inglesa de *De la Justice*, Bruxelles, Office de Publicité, 1945.

justiça"(⁴). Apesar de alguma diferença terminológica, a distinção deste autor é idêntica à do primeiro. Se a noção básica de justiça consiste em tratar casos iguais de forma igual e casos diferentes de forma diferente, as aplicações da justiça especificam quais são os casos iguais e quais os diferentes.

Rawls refere-se a este tipo de inquirição no início de *Uma Teoria da Justiça* – obra que será alvo de análise aturada no próximo capítulo. A terminologia que adopta é a da distinção entre o conceito e as concepções da justiça. Segundo o conceito de justiça, "as instituições são justas quando não há discriminações arbitrárias na atribuição de direitos e deveres básicos e quando as regras existentes estabelecem um equilíbrio adequado entre as diversas pretensões que concorrem na atribuição dos benefícios da vida em sociedade"(⁵). As diferentes concepções deste conceito de justiça deverão especificar em que consistem as distinções arbitrárias que devemos evitar, assim como as regras que estabelecem o referido equilíbrio entre as diversas pretensões sociais. O conceito de justiça, portanto, é bastante formal e tem de lhe ser dado conteúdo substantivo por cada concepção específica da justiça, sejam elas mais individualistas ou mais comunitaristas.

No entanto, a formalidade do conceito rawlsiano não deixa de ter mais algum conteúdo do que o referido por Perelman e Hart: o próprio conceito indica que a justiça se aplica a instituições, que elas não devem discriminar arbitrariamente, e que elas devem estabelecer um equilíbrio quanto aos benefícios – e, de um modo subentendido, também aos encargos – da vida social. O aspecto institucional da jus-

---

(⁴) H.L.A. Hart, *The Concept of Law*, Oxford, Clarendon Press, 1961, Chap. VIII, esp. p. 155.

(⁵) John Rawls, *Uma Teoria da Justiça*, Lisboa, Presença, 1993 [1ª ed. em inglês: 1971], p. 29.

tiça é muito importante no pensamento contemporâneo. Neste contexto, a justiça é, antes de mais, uma característica das instituições e, só depois, do comportamento individual. Este livro ocupa-se precisamente dos aspectos institucionais da justiça, deixando de lado a questão da virtude individual. Presume-se que, numa sociedade em que as instituições são justas, será também mais fácil desenvolver a virtude individual da justiça (que consistirá, neste caso, em agir de um modo que proteja e reforce as instituições justas).

Apesar de tudo, não nos parece que a distinção entre conceito e concepções elimine o carácter essencialmente contestado da justiça (essa distinção, aliás, não é tida em conta por Gallie). Por um lado, as concepções de justiça permanecem alvo de contencioso filosófico. Por outro, o conceito de justiça poderá talvez ser visto como um exemplar comum ao qual todos se podem referir e em relação ao qual procuram formular um *optimum*. No entanto, esse exemplar terá de permanecer bastante formal. Se se tornar mais substantivo começa a parecer-se mais como uma proto-concepção de justiça e, como tal, inaceitável para muitos dos contendores reais ou potenciais.

Um outro autor contemporâneo, Ronald Dworkin, sugere que é possível os filósofos captarem o conceito básico da justiça, a partir do qual as controvérsias podem prosseguir, precisamente porque a justiça se refere a um conjunto de práticas já existente na sociedade[6]. Há determinadas práticas sociais que podemos interpretar como pertencendo ao que chamamos justiça (podemos pensar, por exemplo, na fiscalidade e na protecção social, mas também na protecção das liberdades pela polícia ou pelos tribunais, etc.). Nesse momento passamos de uma fase pré-interpretativa à interpretação que capta o *plateau* da argumentação. Este *plateau*

---

[6] Cf. Ronald Dworkin, *Law's Empire*, Cambridge, Mas., The Belknap Press of Harvard University Press, 1986, esp. pp. 73-6.

pode ser equiparado ao que até aqui designámos por conceito. A partir dele, a argumentação pode prosseguir numa fase pós-interpretativa, na qual os filósofos definem aquilo em que as práticas sociais da justiça devem consistir, ou seja, as diferentes concepções normativas de justiça.

No mesmo sentido, Will Kymlicka refere que o ponto de partida interpretativo a partir do qual podemos abordar o conjunto das concepções contemporâneas da justiça é a ideia de igualdade ou, usando a terminologia de Dworkin, uma espécie de *"plateau* igualitário"([7]). Parece-nos que esta expressão consubstancia o essencial do conceito da justiça tal como definido por Rawls. Cada concepção contemporânea da justiça procura definir *os aspectos segundo os quais os diferentes indivíduos devem ser tratados como iguais e o que significa exactamente ser tratado como igual na atribuição institucional de direitos e deveres*. Na Filosofia Política contemporânea, esta ideia de igualdade não é substantivamente posta em causa – como em épocas anteriores – mas é alvo de grande controvérsia quanto ao seu conteúdo e implicações.

Assim, é possível destacar três grandes correntes, ou concepções de justiça, no pensamento político contemporâneo: a liberal igualitária, a libertarista e a comunitarista. O conceito de justiça é amplamente tratado por cada uma delas, levando a concepções de justiça muito diferentes, ou seja, a formas diversas de articular a ideia de igualdade e de determinar os direitos e deveres dos indivíduos, assim como as instituições que melhor podem realizar esses direitos e deveres. É disso mesmo que trataremos em pormenor nos próximos capítulos.

Mas será também importante chamar a atenção para o facto de uma das correntes mais relevantes da Filosofia Moral e Política dos últimos anos, o utilitarismo, não ser

---

([7]) Cf. Will Kymlicka, *Contemporary Political Philosophy: An Introduction*, 2.ª ed., Oxford, Oxford University Press, 2002, pp. 3-4.

incluída nesta obra num capítulo autónomo, mas apenas como termo de comparação com as diversas teorias estudadas. Para além da impossibilidade prática de incluir aqui tudo o que se desejaria, existe uma razão mais substantiva para tal exclusão: tendo nós escolhido o conceito de justiça como *leitmotiv*, o utilitarismo deixa de ter acuidade imediata, na medida em que ele não constitui uma concepção da justiça em sentido estrito, ou seja, uma especificação do conceito geral de justiça.

O utilitarismo sempre foi crítico, desde Bentham, da ideia de justiça associada a direitos individuais. Estes, tal como as ideias de contrato social e estado de natureza, são vistos pela escola utilitarista como puras ficções, entidades metafísicas e misteriosas. O utilitarismo considera que o único princípio a ter em conta na moral e na legislação é o princípio de utilidade. Ora, este visa a maximização do bem-estar social agregado, sem nenhuma limitação estabelecida por regras de justiça (que implicam restrições e obrigações estritas). A mesma abordagem que encontramos em Bentham pode ser ainda confirmada pelos utilitaristas contemporâneos, como Peter Singer. Este não pensa a igualdade em termos de justiça, mas antes em termos de "igualdade de bem-estar", que interpreta como "satisfação dos interesses individuais".([8])

Ainda que o primado do princípio de utilidade entre necessariamente em choque com qualquer ideia sobre o primado da justiça e dos direitos, a tentativa de conciliação entre as duas perspectivas é um *locus classicus* do pensamento utilitarista, presente desde logo no capítulo V da obra *Utilitarismo*, de John Stuart Mill. Aqui, Mill chama a atenção para o facto de a justiça ser a parte mais importante da moralidade, mas quando devidamente baseada na ideia de

---

([8]) A este propósito, cf. Peter Singer, *Ética Prática*, Lisboa, Gradiva, 2000 [1.ª ed. em inglês: 1993], cap. 2.

utilidade. A justiça é o nome que se costuma dar a certas exigências morais que ocupam um lugar alto na escala da utilidade social. Mas, se algumas utilidades são superiores a outras – precisamente como aquelas que associamos à justiça –, isso não impede que o padrão último para o seu alicerçamento moral seja a utilidade e não a justiça em si mesma. Portanto, o utilitarismo não é, pelo menos *prima facie*, uma concepção da justiça. E assim se regressa à ideia de que importa analisar as três concepções mais paradigmáticas da justiça na Filosofia Política contemporânea, tal como acima assinalado. Mas, nessa análise, não deixará nunca de ser feito o cotejo com a perspectiva utilitarista.

Em suma: limitámo-nos, neste capítulo introdutório, a situar a abordagem da justiça num contexto não-substancialista. Este contexto conduz à assunção da justiça como um conceito essencialmente contestado. Porém, qualquer deriva relativista deve ser afastada. Em vez disso, sugerimos a distinção entre o conceito e as diferentes concepções de justiça como uma forma de mapeamento do debate contemporâneo sobre a justiça. O conceito de justiça é resumido na ideia de "*plateau* igualitário" e as concepções de justiça mais relevantes no debate actual são classificadas da seguinte forma: liberal-igualitária, libertarista e comunitarista.

Capítulo II

A concepção liberal-igualitária

O paradigma liberal-igualitário pode ser definido como a perspectiva que defende a igualdade das liberdades fundamentais – dos direitos-liberdades, civis e políticos –, juntamente com a importância da igualdade de oportunidades e de uma distribuição equitativa em termos económicos. A concepção liberal-igualitária da justiça é pois individualista na sua base, na prioridade que dá à igualdade das liberdades, mas também solidarista, no papel que reserva à igualização do ponto de partida dos indivíduos, assim como da parte de riqueza que lhes cabe enquanto definida pelas regras institucionais da sociedade em que vivem. Na Filosofia Política contemporânea, esta concepção está muito associada, através do pensamento de John Rawls, a uma justificação neocontratualista extremamente sofisticada, assim como a uma ideia de "construtivismo político".

Para além do contributo seminal de Rawls, o liberalismo igualitário contemporâneo tem muitos outros intérpretes que desenvolvem ideias aproximadas. É o caso do trabalho de Brian Barry sobre teorias da justiça, ou da reflexão de

Bruce Ackerman sobre a justiça no Estado liberal. Estes autores não terão aqui um tratamento tão circunstanciado como certamente mereceriam, mas não deixarão de ser referidos episodicamente. Outros autores liberais igualitários procuraram introduzir correcções muito específicas no legado de Rawls e, por isso, voltaremos a eles mais adiante, à medida que formos explanando a teoria rawlsiana (estamos a pensar, nomeadamente, em Ronald Dworkin e Amartya Sen). Outros ainda desenvolveram aspectos não devidamente tratados por Rawls, como é o caso das questões levantadas pelo multiculturalismo, ou pela globalização. Estes pontos serão tratados nos dois últimos capítulos da obra, nos quais os autores de matriz rawlsiana serão também abordados (é o caso, por exemplo, de Will Kymlicka e de Charles Beitz).

Mas, neste capítulo, vamos centrar-nos na contribuição de Rawls, começando por *Uma Teoria da Justiça* (trad. port. de 1993), que teve a sua primeira publicação em 1971, mas também com a ajuda de *Justice as Fairness: A Restatement*, de 2001. A contribuição de Rawls é suficientemente vasta e intrincada para nos ocupar por um tempo indefinido. Teremos pois de ser cuidadosos para a apresentar de um modo suficientemente explícito de modo a permitir uma compreensão aprofundada deste autor, sem no entanto cair na tentação de nos alargarmos demasiado e de sacrificar o estudo de outros autores e correntes.

Convém começar o estudo de Rawls pela explicação de algumas noções preliminares, como sejam as de "sociedade como um sistema de cooperação" e a de "cidadão" e dos seus dois poderes morais. A ideia de sociedade como um sistema de cooperação com vista ao bem dos que nele participam é o primeiro elemento da teoria rawlsiana e constitui, por assim dizer, um ponto de partida módico, mas já de carácter normativo. Este sistema de cooperação tem de ser pensado como envolvendo indivíduos ou cidadãos livres e iguais. A liberdade e igualdade de todos e de cada um constituem propriedades morais básicas, assentes precisamente nos dois poderes morais de cada indivíduo ou cidadão: a capacidade para uma concepção do bem e a capacidade para um sentido de justiça. Ambos os aspectos requerem uma explicação mais prolongada.

A capacidade de cada um para uma concepção do bem assenta na sua racionalidade, entendida esta como capacidade para escolher fins e para eleger os meios mais adequados para atingir esses fins (uma racionalidade instrumental, portanto). É nesta racionalidade, distribuída por todos os indivíduos dotados de faculdades normais, ainda que mais por alguns do que por outros, que assenta a liberdade individual, a possibilidade de cada um escolher e perseguir os seus próprios fins.

Mas, para além da racionalidade, há que considerar a razoabilidade dos cidadãos. Estes são razoáveis na medida em que são dotados de um sentido de justiça, de resto manifesto na evolução do juízo moral nas crianças, como mostraram os estudos de Piaget e Kholberg. A igualdade de todos assenta precisamente nesta ideia de razoabilidade, juntamente com a de racionalidade. Os indivíduos são iguais no sentido em que são todos dotados desses dois poderes morais.

Assim, partindo da ideia de sociedade como um sistema cooperativo entre cidadãos livres e iguais em função dos seus dois poderes morais, podemos chegar àquilo que Rawls chama "o papel da justiça". Sendo embora um sistema de cooperação, a sociedade comporta também conflitos entre os cidadãos. Esses conflitos tendem a girar em torno da distribuição dos benefícios e encargos da vida social, sendo que é norma a maior parte dos indivíduos preferirem mais benefícios e menos encargos. Daqui decorre o papel da justiça. A justiça visa definir a distribuição mais adequada dos benefícios e encargos ou, se se preferir, dos direitos e deveres, que decorrem da cooperação social.

Em boa verdade, o papel da justiça, tal como Rawls a concebe, restringe-se à definição da distribuição correcta dos bens materiais e imaterias mais básicos. A justiça rawlsiana não trata de tudo. Ela ocupa-se apenas dos chamados "bens sociais primários": liberdades, oportunidades, rendimento e riqueza, e também as bases sociais do respeito próprio (este último, como veremos mais adiante, é uma consequência da sociedade bem ordenada). Pode chegar-se a esta lista, ou a uma lista aproximada, quer mediante a consideração empírica daquilo que todos necessitam independentemente de tudo o mais que possam desejar, quer através de uma derivação abstracta, partindo da ideia de cidadania acima definida e procurando mostrar que os bens sociais primários são aquilo de que os cidadãos livres e iguais necessitam para poderem exercer na prática os seus dois poderes morais.

Em qualquer dos casos, deve notar-se que os bens referidos são primários e não secundários. Isso significa que são essenciais para cada um e instrumentais em relação aos diferentes projectos de vida dos indivíduos. Estes bens são também sociais e não naturais, na medida em que não dependem de uma distribuição de qualidades naturais, mas antes da distribuição dos benefícios e encargos da vida social operada pela "estrutura básica da sociedade". Este ponto é essencial. Na linguagem de Rawls, a estrutura básica da sociedade é "o objecto da justiça". Em que consiste?

A estrutura básica é formada pelo conjunto das principais instituições sociais e pelo modo como elas "trabalham" em conjunto para distribuir direitos e deveres entre todos. Essas instituições são, em primeiro lugar, a Constituição, mas também as principais leis e arranjos no domínio da propriedade, da fiscalidade, ou ainda outros aspectos que Rawls não costuma explicitar em pormenor, como o conjunto das instituições que asseguram os direitos sociais (na cobertura dos riscos sociais, na educação, na saúde). A estrutura básica da sociedade condiciona a nossa vida desde que nascemos até que morremos. É a estrutura básica que determina, em função de regras institucionais, quem tem direito a quê desde o início da sua existência e ao longo da vida.

O objectivo de uma teoria da justiça – que é distinto do seu objecto – consiste pois na definição dos princípios que, aplicados à estrutura básica, fazem com que a sociedade seja bem ordenada. Este ponto remete para o facto de a concepção rawlsiana ser puramente processual ou procedimental, pelo menos na sua intenção. Isto é, se uma estrutura básica, que é um conjunto de regras institucionais, estiver desenhada de acordo com os princípios da justiça, então a sociedade é justa, sejam quais forem os resultados finais obtidos por todos e cada um dos membros da sociedade. A justiça não consiste na afectação de bens a pessoas concretas – o que poderia ser arbitrário (nisso têm provavelmente razão os libertaristas, nomeadamente Hayek, de que falaremos no próximo capítulo) –, mas antes na distribuição tornada possível por regras institucionais, elas próprias aferidas na sua justiça em função de princípios que são, também eles, como veremos já de seguida, um pequeno conjunto de regras.

A primeira formulação da concepção de justiça é de carácter geral, ou seja, é composta por um só princípio relativo à distribuição dos bens sociais primários através da estrutura básica: "Todos os valores sociais – liberdade e oportunidade, rendimento e riqueza, e as bases sociais do respeito próprio – devem ser distribuídos igualmente, salvo se uma distribuição desigual de algum desses valores, ou de todos eles, redunde em benefício de todos."[9]. Parece lógico admitir que os bens sociais primários – aqui designados por "valores sociais" – sejam distribuídos igualmente, uma vez que estão em causa cidadãos livres e iguais num sistema

---

[9] John Rawls, *Uma Teoria da Justiça*, Lisboa, Presença, 1993, p. 69.

de cooperação e vantagem mútua. No entanto, é igualmente lógico admitir uma distribuição desigual caso ela "redunde em benefício de todos". Note-se que o benefício aqui em causa terá de ser mesmo de todos, não de uma maioria, por muito extensa que ela possa ser.

A segunda formulação da justiça já clarifica melhor estes aspectos – ainda que não totalmente, como veremos – ao contemplar dois princípios distintos:

1.º Cada pessoa deve ter um direito igual ao mais extenso sistema de liberdades básicas que seja compatível com um sistema de liberdades idêntico para as outras.
2.º As desigualdades económicas e sociais devem ser distribuídas por forma a que, simultaneamente:
 a) se possa razoavelmente esperar que elas sejam em benefício de todos;
 b) decorram de posições e funções às quais todos têm acesso. ([10])

Esta formulação dos princípios não admite a possibilidade da desigualdade quanto à distribuição do valor da liberdade. Mas introduz essa possibilidade quanto aos aspectos económicos e sociais. A ideia intuitiva de base é que a desigualdade económica e social cria um sistema de incentivos. Se houvesse uma igualdade absoluta – como de resto aconteceu em micro-experiências de comunidades utópicas – esse sistema desapareceria e a sociedade mergulharia na pobreza e na anomia. Porém, a desigualdade só é admissível caso esteja associada a "funções e posições às quais todos tenham acesso" e seja efectivamente "em benefício de todos". Mas é claro que estas formulações, sobretudo as do segundo princípio, são ainda extremamente ambíguas. Por isso

---

([10]) John Rawls, *Uma Teoria da Justiça*, Lisboa, Presença, 1993, p. 68.

torna-se necessária uma melhor explicitação desta segunda definição da justiça, antes de chegarmos a uma formulação final, para explicar devidamente a interpretação de Rawls e o modo como ela se distingue de outras concepções possíveis (muito em especial da concepção libertarista).

Deve também notar-se que esta formulação da justiça em dois princípios se justifica em sociedades que não estão afectadas por condições extremas de escassez. Nas restantes, não há necessariamente que dar prioridade à liberdade na medida em que os bens materiais são a principal urgência. Mas as condições de escassez extrema são raras. A maior parte das sociedades, mesmo as mais pobres, vive em condições de escassez moderada. O seu problema maior tem precisamente a ver com a ausência de liberdades e de justiça distributiva. Regressemos agora ao enunciado dos princípios.

O primeiro princípio é o que requer a explicação menos extensa. É importante notar que o bem social primário aqui em causa é plural e não singular. Isto é, Rawls prefere falar de liberdades e não de liberdade. Esta última possibilidade remeteria para as questões metafísicas do livre-arbítrio, do determinismo e do compatibilismo. Além disso, mesmo tomada em termos meramente políticos, a liberdade no singular remeteria para as polémicas sobre as suas diferentes modalidades: liberdade dos Antigos e dos Modernos (Benjamin Constant), liberdade negativa e positiva (Isaiah Berlin), etc. Rawls prefere falar de liberdades no plural, tendo por referência a tradição do constitucionalismo moderno. Mas o conjunto das liberdades que a justiça garante pode também ser deduzido abstractamente a partir da ideia inicial de cidadão livre e igual. As liberdades consagradas no primeiro princípio são aquelas de que os cidadãos necessitam para exercerem os seus poderes morais, tal como inicialmente definidos neste capítulo.

As liberdades básicas são civis e políticas, correspondendo *grosso modo* ao que se costuma designar como a primeira geração dos direitos de cidadania. Elas incluem tanto as liberdades de votar e ser eleito, como as liberdades de opinião e expressão, reunião e associação, o princípio geral do império ou do domínio da lei (*rule of law*), etc. Liberdades como a da escolha de ocupação ou a de deter propriedade fazem também parte da lista. Mas não basta pensar num elenco de liberdades. Como sabem os constitucionalistas e os juristas em geral, estas liberdades devem ser vistas como formando um sistema. Algumas liberdades têm de ser limitadas em função de outras (mas não em função de outros valores). Assim, a liberdade de expressão, por exemplo, tem de ser compatibilizada com o direito à privacidade (que também é uma liberdade).

O segundo princípio da justiça é incomparavelmente mais complexo do que o primeiro. Podemos analisá-lo começando pela alínea b). Quando se diz que as desigualdades devem estar necessariamente associadas a funções e posições acessíveis a todos, isso pode significar pelo menos duas coisas inteiramente distintas. A primeira é a ideia, surgida com a Revolução Francesa e as restantes revoluções liberais, de "carreiras abertas às competências". Ou seja, o princípio de não-discriminação perante a lei em relação ao acesso a cargos, funções públicas, empregos privados, tomando aqui a não-discriminação como englobando não apenas as questões da origem social como também as relativas ao fenótipo racial, ao sexo, ou outras.

A segunda interpretação é a ideia de "igualdade equitativa de oportunidades". Esta ideia pode ser vista como englobando a de carreiras abertas às competências, mas indo mais longe. Ou seja, para além da não-discriminação, a igualdade equitativa implica que todos os cidadãos devem ter as condições efectivas para aceder às diferentes funções e posições, mesmo que tenham nascido em condições especialmente desfavorecidas. Isso parece requerer pelo menos duas coisas: uma limitação das grandes fortunas pela via fiscal (os grandes desequilíbrios de riqueza geram desigualdade de oportunidades); o acesso efectivo de todos ao sistema de ensino e formação profissional (mas há ainda outros aspectos, que Rawls quase não menciona, como por exemplo o acesso a cuidados de saúde básicos).

Pensemos agora na primeira alínea do segundo princípio. A ideia de que a desigualdade deve ser para benefício de todos implica, pelo menos, que se alguém ficar melhor em termos de riqueza então ninguém deve ficar pior. Segundo o princípio de Pareto, há um ganho em eficiência sempre que alguém fica melhor sem que ninguém fique pior. O óptimo de Pareto atinge-se quando não é possível que alguém fique melhor sem que ninguém fique pior. Note-se que esta interpretação paretiana vai para além do princípio de utilidade, segundo o qual é contemplável que alguém fique pior, desde que isso redunde num aumento real da utilidade total ou média.

No entanto, há uma outra interpretação, bastante mais restritiva ou precisa, consoante as perspectivas, da mesma alínea. Trata-se do famoso "princípio da diferença" de Rawls. Segundo este, o benefício de todos não se atinge mediante os tradicionais critérios utilitaristas ou paretianos, mas antes mediante a maximização da posição daqueles que estão pior colocados à partida – o que conduz, como é óbvio, a uma aproximação entre os extremos, ou a uma igualização tendencial. Embora o critério paretiano possa ser visto como um avanço em relação ao princípio de utilidade, ele tem o defeito, do ponto de vista de Rawls (para os libertaristas seria antes uma vantagem, como veremos), de não definir nenhum padrão distributivo. O princípio da diferença, pelo contrário, pode substituir com vantagem o princípio de Pareto na medida em que indica pelo menos uma tendência distributiva, ainda que não a quantifique: qualquer ganho para todos ou para alguns deve ser para "o maior benefício" dos mais desfavorecidos. Em termos estritamente técnicos, é fácil determinar quem são os mais desfavorecidos (aqueles que não têm riqueza acumulada e com rendimentos iguais ou inferiores a 60% do rendimento médio de uma sociedade) e estabelecer as regras institucionais que permitam criar-lhes a expectativa do maior benefício compatível com a manutenção do sistema de incentivos ([11]).

A partir destas interpretações das alíneas b) e a), é possível construir quatro leituras diferentes dos princípios da justiça. Vejamos quais, dando-lhes os nomes escolhidos por Rawls. Em primeiro lugar, o "sistema de liberdade natural" (Rawls retoma aqui uma expressão de Adam Smith) combina a ideia de carreiras abertas às competências com o princípio de eficiência de Pareto. Uma sociedade cuja estrutura básica fosse ordenada pelo primeiro princípio da justiça e por esta interpretação do segundo princípio respeitaria as liberdades individuais e praticaria a não-discriminação, mas nada faria para criar uma igualdade de oportunidades mais equitativa, ou para distribuir a riqueza segundo o padrão rawlsiano ou qualquer outro. Esta sociedade seria, talvez, aproximada das sociedades capitalistas do final do século XIX e início do século XX, ou pelo menos do ideal dessas sociedades.

A segunda possibilidade é a "igualdade em sentido liberal". Esta expressão de Rawls parece-nos uma forma algo arrevesada de indicar um tipo de estrutura básica que nos é familiar. Trata-se da combinação do primeiro princípio da justiça com a ideia de igualdade equitativa de oportunidades e o princípio de Pareto. Pelo menos ao nível das intenções políticas, este parece ser o modelo de muitas socieda-

---

([11]) O princípio da diferença é por nós tratado na sua versão mais linear, tendo em conta apenas a distribuição da riqueza e rendimentos, embora ele possa também ser considerado em relação a outros bens sociais primários.

des depois da Segunda Guerra Mundial, na Europa e não só. Nestas sociedades, procurou-se uma igualdade de oportunidades mais equitativa – sobretudo através da expansão dos sistemas educativos – mas a distribuição dos rendimentos e riqueza nunca impediu a manutenção de grandes disparidades, acentuadas depois pelas políticas do tatcherismo e seus avatares. A preocupação básica nestas sociedades, ainda hoje, parece ser a do crescimento económico segundo critérios paretianos e não a distribuição equitativa dos resultados desse crescimento.

Uma terceira interpretação é a "aristocracia natural". Esta interpretação é menos relevante e algo bizarra na medida em que combina a distribuição de acordo com o princípio da diferença com a igualdade de oportunidades em sentido meramente formal e não equitativo (ou seja, a ideia de carreiras abertas às competências). Embora uma sociedade como esta nunca tenha sido vista em lado algum, ela seguiria, segundo Rawls, o princípio *"noblesse oblige"*. Ou seja, a distribuição da riqueza seria uma compensação dada aos menos favorecidos pelo facto de não terem possibilidades reais de progredir na escala social, uma vez que as oportunidades para tal lhes seriam negadas.

A quarta interpretação é a "igualdade democrática". Ao primeiro princípio juntam-se as interpretações mais exigentes das duas alíneas do segundo: igualdade equitativa de oportunidades e princípio da diferença. Numa sociedade bem ordenada segundo estes princípios a igualdade de oportunidades equitativa estaria garantida na estrutura básica, assim como as regras (económicas, fiscais e de protecção social) que favorecessem a realização do princípio da diferença. Podemos desde já adiantar que esta é a interpretação preferida por Rawls, embora nada tenhamos dito ainda sobre as razões para essa preferência.

A razão pela qual Rawls prefere a igualdade equitativa de oportunidades face às carreiras abertas às competências advém do facto de esta última levar a sério a lotaria social. Ou seja, uma vez que os indivíduos nascem em circunstâncias sócio-económicas diversas, e uma vez que os tomamos como basicamente livres e iguais, então é necessário que sejam feitas as necessárias correcções na estrutura básica para que ninguém fique excluído de oportunidades reais apenas devido às contingências do seu nascimento. A igualdade equitativa de oportunidades, ao contrário das carreiras abertas às competências, permite fazê-lo.

Mas por que razão haveríamos de querer corrigir a lotaria social? A intuição moral por detrás do raciocínio de Rawls é a de que os indivíduos não são moralmente responsáveis pelas circunstâncias sociais do seu nascimento. Ora, se assim é, então faz todo o sentido que a estrutura básica permita aos menos favorecidos pelo nascimento o acesso a oportunidades equitativas.

As razões para a preferência do princípio da diferença em relação ao princípio de Pareto – e, com mais razão, ao princípio de utilidade – são isomorfas em relação a estas. Existe não só uma lotaria social, mas também uma lotaria dos talentos naturais que equipa os indivíduos de formas diferentes para aquilo que podem obter no mercado ao longo da vida. O critério paretiano nada faz para compensar aqueles que são menos beneficiados pela lotaria natural. Já o princípio da diferença permite essa rectificação.

De novo, a intuição moral que justifica, em última instância, a adopção do princípio da diferença é que os indivíduos não são moralmente responsáveis pelas circunstâncias sociais e também naturais do seu nascimento. Ainda que a igualdade equitativa de oportunidades permita corrigir em boa parte a lotaria social, ela não consegue rectificar as disparidades de rendimento e riqueza produzidas pelas características naturais dos indivíduos (que incluem não só os talentos especiais, mas também a energia, a força de vontade, etc.). Esse papel é desempenhado pelo princípio da diferença.

Estamos agora em condições de chegar a uma formulação final dos princípios da justiça. O primeiro princípio mantém-se como acima. O segundo princípio passa a ler-se:

> As desigualdades económicas e sociais devem satisfazer duas condições: em primeiro lugar, ser a consequência do exercício de cargos e funções abertos a todos em circunstâncias de igualdade equitativa de oportunidades; e, em segundo lugar, ser para o maior benefício dos membros menos favorecidos da sociedade (o princípio da diferença).([12])

Pode notar-se agora a inversão da posição das alíneas neste segundo princípio. Ela espelha as regras de prioridade inerentes aos próprios princípios. Tal como o primeiro princípio tem prioridade lexicográfica – isto é, um lugar próprio, tal como as palavras num dicionário – em relação ao segundo princípio, também o princípio da igualdade equitativa de oportunidades tem a mesma prioridade em relação ao princípio da diferença. Ou seja, a promoção das oportunidades não pode ser feita à custa do sacrifício das liberdades e a melhoria da posição dos mais desfavorecidos não pode ser feita à custa de menor igualdade de oportunidades. Desta forma fica salvaguardada a ideia de que partimos, ou seja, a de que todos os indivíduos são moralmente livres e iguais e como tal devem ser tratados.

Chegados a este ponto da substancialização da concepção da justiça, impõem-se umas brevíssimas considerações de carácter metodológico, de modo a situar o leitor no tipo de empreendimento intelectual a que está a ser introduzido. A argumentação desenvolvida por Rawls mostra-nos que ele prescinde de uma perspectiva fundacionista – aquela que seria mais bem representada, por exemplo, por Hobbes –, mas

---

([12]) John Rawls, *Justice as Fairness: A Restatement*, Cambridge, Mas., The Belknap Press of Harvard UP, 2001, pp. 42-3

não prescinde de todo do justificacionismo (Rawls não deve ser confundido, por exemplo, com Richard Rorty). A teoria justifica-se através da procura de um equilíbrio reflectido entre os nossos juízos ponderados sobre a justiça e os princípios que vamos enunciando. Foi esse equilíbrio que procurámos atingir ao lidar com diversas interpretações e ao chegar às que são preferidas por Rawls.

No entanto, a procura de um equilíbrio reflectido alargado não está ainda atingida. Ele só poderá ser conseguido depois de comparar os princípios da justiça com outro tipo de princípios geralmente usados para justificar uma determinada ordenação da sociedade. Até agora, essa comparação foi feita apenas com interpretações alternativas da justiça. Para que a comparação possa ser alargada a outros princípios, o trabalho deve continuar com a passagem para aquele que é o argumento mais conhecido de Rawls: o da "posição original". Deixemos pois as questões metodológicas e passemos de imediato à caracterização da posição original.

A posição original é encarada pelo nosso autor como a situação mais favorecida para a escolha dos princípios da justiça. Ela inspira-se no imaginário filosófico da tradição contratualista, mas não deve ser confundida com as formulações mais habituais do contratualismo clássico, uma vez que é puramente hipotética. Ou seja, o tipo de "contrato" que encontramos no neocontratualismo rawlsiano não só não equivale a um acordo explícito entre os cidadãos, como também não é o mesmo que um acordo implícito ou tácito, como era mais comum no contratualismo. O argumento rawlsiano é um puro contrafactual.

Para além disso, o intento rawlsiano inscreve-se numa tradição específica, que tem a sua origem em Locke e não em Hobbes. Este último procura fundamentar o contrato na racionalidade prudencial dos indivíduos. A moralidade é produzida pelo cálculo adequado do interesse próprio por parte dos agentes racionais. Pelo contrário, na tradição lockiana, de que faz parte Rawls, a moralidade já está ínsita nas ideias de indivíduo – ou de cidadão, no caso de Rawls – e de sociedade de que se parte. Ela não é apenas um subproduto da racionalidade instrumental.

A posição original visa garantir que a escolha definitiva dos princípios não seja afectada pelos nossos interesses ou inclinações pessoais. As partes presentes na posição original são nossas representantes. Podemos imaginar que cada cidadão tem uma parte representante, ainda que elas sejam todas iguais (o que, curiosamente, também nos poderia levar à ideia da existência de uma única parte na posição original, encarregada de deliberar consigo mesma). Mas, para que os nossos interesses e inclinações não tenham um papel na escolha dos princípios, é necessário pensar que as partes estão sob um espesso véu de ignorância. Ou seja, as partes não têm qualquer conhecimento específico acerca das pessoas concretas que representam. Este aspecto – tão relevante na teoria rawlsiana – garante a razoabilidade da escolha que as partes farão.

Mas é também necessário proceder a uma descrição sucinta das partes. Embora elas não sejam razoáveis – a razoabilidade, como se disse, é garantida pelo próprio véu de ignorância –, as partes são racionais, estão interessadas nos seus próprios fins e desinteressadas em relação aos fins alheios. Só desta forma nós nos podemos sentir solidamente representados.

Mas outros aspectos da descrição das partes são também importantes: as partes sabem o que são bens sociais primários, as partes sabem que cada indivíduo tem uma concepção do bem (embora não saibam qual seja, devido ao véu de ignorância), as partes sabem que o objecto da justiça é a estrutura básica, as partes sabem que a justiça é possível e necessária devido às "circunstâncias da justiça" (o conceito que Rawls retoma de Hume) – como sejam a escassez moderada e a pluralidade de concepções do bem dos indivíduos.

Os diferentes aspectos da caracterização das partes, juntamente com o véu de ignorância, recorde-se, visam garantir que a escolha dos princípios seja tão bem justificada quanto possível. Parece-nos que o leitor de Rawls pode perfeitamente conceber algumas modificações na descrição da posição original, desde que elas possam alcançar este desiderato.

Seguidamente, é necessário construir a lista de princípios alternativos a ser considerada pelas partes. Qualquer lista poderia ser fornecida. Mais uma vez, qualquer um de nós poderia apresentar algumas possibilidades. Mas é também necessário olhar com particular atenção para a lista de princípios alternativos oferecida pelo próprio Rawls. A primeira possibilidade, como é óbvio, é a concepção de justiça acima apresentada na sua formulação final, com dois princípios em ordem lexical. Mas Rawls considera que é necessário comparar esta concepção com o seu principal competidor: o princípio de utilidade. É também necessário fazer uma comparação com outro princípio: o princípio de perfeição, tal como se encontra em Aristóteles, para dar apenas um exemplo. Note-se que, ao escolher o princípio de utilidade e o princípio de perfeição, ou seja, o utilitarismo e o perfeccionismo, como os principais competidores da justiça, Rawls mais não faz do que reproduzir o grande debate da Filosofia Moral entre uma concepção deontológica como a sua, que afirma a prioridade do justo em relação a uma teoria completa do bem, e as duas concepções teleológicas mais relevantes, para as quais o justo consiste na realização do próprio bem, seja ele entendido como bem-estar – como no utilitarismo – ou como a realização da perfeição humana – como no perfeccionismo.

Para além destes competidores maiores dos princípios de justiça em ordem lexical, Rawls considera outros que exclui rapidamente: as concepções intuicionistas e as concepções egotísticas. O intuicionismo, que consiste aqui numa espécie de casuística da justiça, usando os princípios mais apelativos consoante as circunstâncias, é insatisfatório uma vez que não permite uma hierarquização estável e devidamente justificada das reivindicações em relação à distribuição dos benefícios e encargos da cooperação social. As diversas formas de egoísmo – egoísmo geral, ditadura do eu, passageiro clandestino – são excluídas devido àquilo que Rawls designa como as "condições formais do justo": generalidade, universalidade, publicidade, ordenação de reivindicações, finalidade – esta última, no sentido de conclusividade. Estas condições formais impedem que o egoísmo seja uma alternativa válida. Neste aspecto, é particularmente importante a ideia de que a justiça deve permitir ordenar as reivindicações dos diferentes indivíduos. A ideia geral é a de que o egoísmo, ao não permitir fazê-lo, não pode constituir uma teoria da justiça.

Mas por que razão preferem as partes na posição original os princípios de justiça em ordem lexical, face aos princípios teleológicos? Para podermos responder a esta questão temos de reflectir na forma como as partes pensam, por assim dizer. Rawls recorre aqui à Teoria da Escolha Social. Em condições de incerteza – como aquelas geradas pelo véu de ignorância – seres racionais deverão adoptar a chamada "regra *maximin*". Ou seja, é racional para as partes procurar maximizar o mínimo que podem obter de qualquer coisa – neste caso, de bens sociais primários – em vez de, por exemplo, procurar simplesmente obter o máximo, ou adoptar outra qualquer estratégia.

Imagine-se, a título meramente ilustrativo, que é necessário escolher entre três tipos de sociedade – **1**, **2** e **3** – e que em cada uma dessas sociedades existem três classes sociais – A, B e C. Podemos agora atribuir, de forma livre, valores ao rendimento anual médio (em milhares de euros) de cada uma das classes em cada uma das sociedades consideradas. Assim, na sociedade **1** A = 100; B = 50; C = 25; na sociedade **2** A = 95; B = 55; C = 30; e na sociedade **3** A = 90; B = 35; C = 31.

Em qual destas sociedades preferiria o leitor viver? Note-se que a pergunta não consiste em saber em que classe preferiria viver. Nesse caso, a resposta racional seria a classe A da sociedade 1. Mas o leitor não sabe a que classe poderá vir a pertencer – apenas pode escolher a sociedade da sua preferência. Ainda assim, talvez a resposta racional fosse a sociedade 2, na medida em que, somando os rendimentos das diferentes classes, ela se afigura como a mais próspera. No entanto, se o leitor se colocar numa situação de incerteza e se guiar pela regra *maximin* apenas lhe interessará comparar os resultados da classe menos favorecida. Nesse caso, portanto, deverá escolher a sociedade C, apesar de ela não ser a mais próspera, nem aquela em que a classe mais favorecida vive melhor. Mas regressemos à posição original de Rawls, na qual esta regra *maximin* é enquadrada por outra condições e aplicada a princípios alternativos e não a sociedades concretas.

Na posição original de Rawls, a regra *maximin* é acompanhada de três condições que a reforçam: as partes não têm informação sobre probabilidades de resultados (não sabem se têm mais ou menos probabilidades de ter mais ou menos bens sociais primários uma vez levantado o véu de ignorância); as partes estão interessadas em obter um mínimo, mas estão menos preocupadas em obter um acréscimo – têm aversão ao risco, portanto; as partes querem excluir resultados absolutamente inaceitáveis como os que poderiam surgir do não uso da regra *maximin* (por exemplo, a escolha de princípios para a ordenação da sociedade que permitissem a existência da escravatura). É certo que a explicitação destas condições reforça o critério *maximin*. Mas elas já estavam, por assim dizer, naturalmente associadas ao uso do *maximin* nas condições da posição original tal como acima descritas.

A comparação entre os dois princípios da justiça em ordem lexical e o princípio de perfeição pode ser agora resumida. O princípio de perfeição, em qualquer das suas versões, de Aristóteles a Nietzshe e ao perfeccionismo contemporâneo, é a ideia segundo a qual a sociedade deve ser organizada de modo a favorecer umas concepções determinadas do bem em detrimento de outras: por exemplo, o bem da vida contemplativa, ou da actividade política, ou da criação artística. O perfeccionismo estabelece uma hierarquia de concepções do bem e organiza a sociedade de uma forma que permita discriminar positivamente algumas delas e negativamente as outras.

Ora, na posição original as partes não conhecem as concepções determinadas do bem dos cidadãos que representam. Os indivíduos podem ter uma pluralidade de fins, aspirações e respectivas concepções do bem – e revê-las ao longo da vida. O sistema de liberdades iguais para todos, garantido pelo primeiro princípio de justiça, protege a possibilidade de cada um desenvolver planos de vida de acordo com as suas concepções do bem, desde que elas sejam compatíveis com a justiça. Ora, isso não acontece com o princípio de perfeição.

As partes na posição original têm de maximizar o mínimo de liberdades para aqueles que representam e não podem aceitar que eles sejam negativamente discriminados pelo facto de não partilharem a(s) concepção(ões) do bem que a sociedade deseja promover. Comparando directamente os princípios da justiça, especialmente o primeiro, com qualquer princípio de perfeição, é bastante claro que aqueles oferecem garantias às partes que os princípios perfeccionistas não podem oferecer. Aliás, os princípios da justiça parecem mesmo oferecer as melhores garantias possíveis, já que todos têm direito a um mesmo sistema de liberdades básicas e esse sistema é prioritário em relação a qualquer outro tipo de considerações que tenham a ver com o bem da sociedade como um todo, ou de alguns dos seus membros em particular.

Tomemos agora em consideração o princípio de utilidade. A comparação entre os princípios da justiça e o princípio de utilidade é feita por Rawls ao longo do texto do seu *opus magnum*, de uma forma não muito sistemática. Mencionarei aqui o argumento central rawlsiano, mas também os principais argumentos suplementares. Comecemos pelo aspecto central.

Rawls não atribui grande importância à distinção entre utilidade total e utilidade média, ainda que fale geralmente da maximização da utilidade média. Como é sabido, a utilidade total presta-se à ideia de que o aumento populacional, por si mesmo, cria um saldo de utilidade positivo. Por isso – e só por isso – é mais adequado falar de utilidade média. Rawls entende a utilidade na sua versão mais contemporânea, como satisfação dos desejos ou preferências racionais informadas dos indivíduos. Mas o seu argumento anti-utilitarista aplica-se a todas as formas de utilitarismo, incluindo o hedonismo benthamiano[13]. A intuição básica é esta: devido ao seu carácter agregativo, o utilitarismo tende a tratar o conjunto dos indivíduos de uma sociedade como se eles constituíssem uma só pessoa. Não tem portanto em conta, devidamente, a separação das pessoas. Mas será que a comparação com os princípios da justiça em ordem lexical, do ponto de vista das partes na posição original, deixa estes últimos em vantagem?

A simples formulação do princípio de utilidade, como maximização da satisfação das preferências racionais, contraria a forma *maximin* de pensar. As partes não estão interessadas em maximizar a média daquilo que podem ob-

---

[13] Para Bentham e para os utilitaristas clássicos em geral, a utilidade não é vista como "satisfação das preferências racionais informadas" dos indivíduos, como no utilitarismo contemporâneo, mas antes como "prazer e ausência de dor". Daí ser adequado classificar esta visão como hedonista.

ter, mas antes em maximizar o mínimo daquilo que cada uma delas pode obter. O princípio de utilidade poderia até conduzir a uma forma de organização social que, na sua totalidade agregada, fosse mais próspera e tivesse outras vantagens em relação às alternativas existentes. No entanto, essa forma de ordenação da estrutura básica continuaria a ser inaceitável para as partes na medida em que alguns dos que elas representam poderiam ficar numa situação especialmente desfavorecida.

Já os princípios de justiça em ordem lexical garantem que as liberdades das pessoas representadas nunca serão sacrificadas em nome do bem-estar e, mais do que isso, que todos têm acesso a oportunidades equitativas e que mesmo aqueles que acabarem por ficar pior em termos económicos poderão ter a expectativa de ser especialmente beneficiados pelas próprias regras da estrutura básica. Guiadas pelo *maximin*, as partes na posição original nunca poderiam trocar as garantias mínimas – mas muito elevadas – propiciadas pelos princípios de justiça em função da possibilidade de que as pessoas que representam pudessem pertencer a classes especialmente privilegiadas quanto aos diversos bens sociais primários (recorde-se que as partes, devido à sua situação muito peculiar e às condições associadas ao uso do *maximin*, não podem usar cálculo de probabilidades, nem mesmo um princípio geral de equiprobabilidade).

Há vários outros argumentos que, do ponto de vista da posição original, tornam os princípios da justiça na interpretação de Rawls claramente superiores em relação ao princípio de utilidade. São eles, em particular, o argumento das "tensões geradas pelo compromisso", o da estabilidade e do respeito próprio. Por isso eles merecem pelo menos uma referência.

As tensões geradas pelo compromisso dizem respeito às exigências psicológicas colocadas aos cidadãos. Numa sociedade utilitarista, aqueles cujo bem-estar é sacrificado em função do acréscimo do bem-estar médio têm maior dificuldade psicológica em aceitar as regras da estrutura básica e, por isso, o seu compromisso com as instituições será muito mais ténue. Pelo contrário, os membros de uma sociedade justa, ao reconhecer a justiça das instituições, podem mais facilmente aceitá-las e apoiá-las. Este argumento leva a um outro: o da estabilidade. Uma sociedade justa, ao gerar o seu próprio apoio por parte dos cidadãos, é também mais estável do que uma sociedade na qual muitos não vêem boas razões para cooperar.

Finalmente, uma sociedade bem ordenada de acordo com a justiça é também uma sociedade na qual cada indivíduo sabe que tem condições para desenvolver o seu plano de vida, em função da sua concepção determinada do bem, e que todos os outros indivíduos estão na mesma situação. Desta forma, gera-se o respeito próprio, o último dos bens sociais primários que acima referimos, mas talvez o mais importante. O respeito próprio depende do modo como cada um se encara a si mesmo, mas também do modo como os outros nos vêem (não é a mesma coisa que auto-estima). O respeito próprio é pois um subproduto de uma sociedade bem ordenada. Pelo contrário, numa sociedade utilitarista, onde não estão garantidas as condições para que todos desenvolvam os seus planos de vida, o respeito próprio é mais difícil de obter por muitos dos cidadãos, ou mesmo por todos (mesmo o respeito próprio dos mais favorecidos fica impossibilitado pelo modo como são vistos pelos mais desfavorecidos).

Numa sociedade ordenada pela justiça, portanto, o respeito próprio é possível porque as relações morais entre os cidadãos são de reciprocidade. Mas esta ideia de reciprocidade já estava, por assim dizer, inserida na posição original. Nesta situação existe igualdade mas também reciprocidade entre as partes. Aliás, são estes os factores que garantem a equidade da escolha: nenhuma das partes está numa situação de vantagem ou não reciprocidade em relação às outras. Assim fica garantida a equidade da escolha e, por isso, a concepção escolhida na posição original pode ser designada "justiça como equidade".

Passemos agora a explorar alguns aspectos institucionais da sociedade bem ordenada. Para isso, é necessário abandonar a posição original. Rawls sugere que o façamos gradualmente, numa sequência de quatro etapas. A própria posição original é a primeira dessas etapas, permitindo a escolha dos princípios da justiça. A segunda etapa é uma convenção constituinte ideal. Para a imaginar, é necessário levantar parcialmente o véu de igorância de modo a conhecer as circunstâncias particulares do país e do povo para qual se quer pensar a Constituição (sabemos, pelo menos desde Bodin e Montesquieu, da importância deste conhecimento para a elaboração de boas Constituições). A terceira etapa é a Assembleia Legislativa ideal, que se ocupa da legislação ordinária, mas na qual o véu de ignorância deve continuar apenas parcialmente levantado. A quarta e última etapa consiste na aplicação de todo o sistema de regras da estrutura básica, já completo, a casos concretos por parte da administração pública, dos magistrados e dos próprios cidadãos. Este já não é um momento puramente teórico e aqui já não tem de existir – nem pode existir – véu de ignorância.

A convenção constituinte permite pensar a primeira parte da estrutura básica, ou seja, as regras que materializam o primeiro princípio da justiça. Ela requer a constitucionalização das liberdades básicas dos cidadãos, assim como das regras do processo político democrático, de acordo com as próprias liberdades políticas consagradas no primeiro princípio.

Ao traduzir constitucionalmente o primeiro princípio da justiça, Rawls faz com que a estrutura básica ideal replique a prioridade deste em relação ao segundo princípio. Como a lei constitucional tem prevalência sobre a lei ordinária, a legislação mais complexa e abundante sobre matérias sociais e económicas, não necessariamente constitucional, não poderá nunca colocar em causa as liberdades dos cidadãos e o processo político democrático.

A Assembleia legislativa ideal opera no sentido de indicar a legislação e as políticas necessárias para realizar na estrutura básica a igualdade equitativa de oportunidades e o princípio da diferença. Isso implica, entre muitas outras coisas, a igualização do acesso à educação e à cultura para todos os que tenham as capacidades e motivações requeridas, e as leis fiscais e políticas sociais que permitam a manutenção de um mínimo social elevado, para que a prosperidade da sociedade esteja especialmente ao serviço dos mais desfavorecidos. Note-se que é também a realização do segundo princípio da justiça que confere às liberdades o seu justo valor, fazendo com que elas não sejam excessivamente formais.

Os aspectos políticos e os aspectos económicos e sociais da estrutura básica remetem para o tema das funções do Estado, muito em voga na discussão política corrente. Podemos, a partir de Rawls, repensar a justiça da fiscalidade (atendendo aos diferentes tipos de impostos, directos e indirectos), o modelo de Estado social mais desejável, etc. A este propósito, embora a teoria rawlsiana possa perfeitamente servir para justificar aquilo a que se costuma chamar Estado-Providência, tal como construído na Europa ao longo do século XX e especialmente depois da Segunda Guerra, o próprio Rawls não é propriamente um liberal do Estado-Providência. Os Estados-Providência existentes permitem um grande número de desigualdades que não são compatíveis com os princípios da justiça e, muito especialmente, com o princípio da diferença.

O liberalismo igualitário de Rawls tanto pode traduzir-se no apoio a um socialismo de tipo liberal como a uma democracia de proprietários. A diferença entre um modelo e o outro é que, na democracia de proprietários, os meios de produção são propriedade individual, enquanto que no socialismo de base liberal são socializados. Uma sociedade justa pode ser construída tanto num regime em que a propriedade dos meios de produção é privada como num regime em que ela é socializada. Esta é uma questão de aplicação prática, não uma questão filosófica fundamental. Em qualquer caso, a teoria rawlsiana proíbe o socialismo de Estado, tal como o que existiu nos países do "socialismo real" (porque desrespeita o primeiro princípio da justiça), assim como um regime de *laissez-faire*, prevalecente em algumas sociedades capitalistas (porque desrespeita o segundo princípio da justiça).

Deixemos por breves momentos a análise do pensamento rawlsiano para focar a obra de outros liberais igualitários. Alguns autores procuraram explicitamente resolver alguns *puzzles* deixados em aberto na obra de Rawls. Um desses *puzzles* diz respeito à métrica da igualdade sócio-económica, isto é, àquilo de que se deve falar quando se fala de igualizar a situação social dos indivíduos, para além da mera igualdade das liberdades. Assim, enquanto Rawls se centra em dois aspectos – as oportunidades, por um lado, e os rendimentos e riqueza, por outro – Ronald Dworkin prefere falar de recursos materiais e Amartya Sen prefere ainda a ideia de capabilidades, *i.e.*, capacidades para realizar determinadas funções essenciais à vida humana (procurar alimento, formar família, etc.).

A ideia dworkiniana de recursos visa também tornar a distribuição económica mais sensível à ambição dos indivíduos, mas também menos sensível aos factores que derivam daquilo a que se costuma chamar "pura má sorte", como é o caso da deficiência física ou mental. Segundo o princípio da diferença, deve-se aumentar a expectativa dos menos favorecidos, mas não se especifica se esses "menos favorecidos" o são por factores de pura má sorte ou outros; ou se os mais desfavorecidos fazem um esforço para contribuir para a cooperação social, ou preferem antes passar o dia na praia a apanhar sol (por exemplo). Ao introduzir a ideia de recursos, Dworkin abre caminho à diferenciação daquilo que a distribuição a favor dos mais desfavorecidos pode fazer, mas tendo em conta as diferenças na motivação e nos factores de pura má sorte. Indivíduos iguais devem ter recursos materiais iguais à partida, mas isso não quer dizer que não possam receber recompensas diferentes em função das suas ambições e esforço. Por outro lado, também deverão estar seguros em relação a factores de má sorte que requerem uma quantidade acrescida de recursos, como por exemplo no caso da deficiência física ou psíquica ([14]).

Um outro aspecto que Rawls parece não ter em conta ao formular o princípio da diferença é o facto de que o rendimento e a riqueza não são talvez o factor mais importante, tomado em si mesmo, para que um indivíduo humano possa exercer as suas liberdades e florescer enquanto ser humano. O essencial não é a quantidade de dinheiro que se possui, mas o facto de isso proporcionar – ou não – o acesso ao que é essencial à vida humana num contexto específico e dependente de uma série de factores diferenciadores, como o ambiente natural, as tradições culturais e religiosas, etc. Daí a noção de capabilidades avançada por Sen. Quando se pensa na justiça distributiva, o importante é a equalização das capabilidades, não a dos rendimentos e riqueza. Este aspecto tem grandes consequências ao nível das políticas públicas. Por exemplo, em muitas circunstâncias o investimento público em escolas e água potável pode ser mais importante do que a simples distribuição de acordo com o princípio da diferença. Aquele tipo de investimento

---

([14]) Para uma exposição detalhada destas ideias, v. Ronald Dworkin, *Sovereign Virtue: The Theory and Practice of Equality*, Cambridge, Mas., Harvard University Press, 2000.

permite o desenvolvimento das capabilidades fundamentais dos indivíduos de uma forma que a simples distribuição de dinheiro não parece permitir (¹⁵).

Ainda assim, há quem considere especialmente importante dotar os indivíduos de um rendimento garantido ou de uma dotação única de dinheiro e que essa é a forma mais adequada para realizar o princípio da diferença. Em anos recentes, Phillippe Van Parijs tem proposto a atribuição a todos os indivíduos de um "rendimento básico" incondicional de cidadania, uma espécie de salário-base que todos os cidadãos sem excepção deveriam receber. Outros, como Bruce Ackerman, têm proposto a chamada "herança social de cidadania", uma soma global depositada pelo Estado no momento do nascimento de um cidadão e por ele resgatável no dia em que completa a maioridade (um esquema deste tipo foi já estabelecido na Grã-Bretanha). Esquemas como o do rendimento incondicional garantido ou a herança social de cidadania são especialmente liberais e igualitários na medida em que colocam nas mãos de cada indivíduo a decisão final quanto ao uso do seus recursos, sem nenhuma exigência específica por parte do Estado(¹⁶). Estes esquemas parecem também ter uma maior apelo prático do que os princípios abstractos de Rawls, Dworkin ou Sen.

Mas regressemos agora ao pensamento rawlsiano. Em *Uma Teoria da Justiça*, Rawls tratou a questão da estabilidade social de um ponto de vista psicológico, pensando nas disposições psíquicas dos indivíduos e na própria formação do

---

(¹⁵) A perspectiva de Sen sobre a justiça é talvez menos satisfatória do que a de Rawls enquanto construção teórica, mas é mais pluralista e sensível às diferenças culturais. Ver, a este propósito, o seu livro recente *The Idea of Justice*, London, Allen Lane, 2009 [*A Ideia de Justiça*, Coimbra, Almedina, 2010].

(¹⁶) V. Philippe Van Parijs, *Real Freedom for All*, Oxford, Oxford University Press, 1995 e Bruce Ackerman e Anne Alstott, *The Stakeholder Society*, New Haven, Yale University Press, 1999.

sentido de justiça. Porém, não tratou esta questão do ponto de vista da pluralidade de concepções do bem e visões do mundo existentes numa sociedade livre, como a sociedade bem ordenada necessariamente é. A segunda mais importante obra de Rawls, *Liberalismo Político*, de 1993 [trad. port. 1997], é dedicada a este tema e conduz o autor a todo um novo conjunto de problemas, assim como a alguns esclarecimentos sobre a teoria da justiça anteriormente formulada. Vejamos.

Rawls parte da constatação daquilo que chama "o facto do pluralismo". Nas sociedades que garantem as liberdades básicas dos cidadãos, como é o caso das sociedades herdeiras do constitucionalismo moderno e, com mais razão, de uma sociedade justa, os cidadãos aderem a um conjunto muito diversificado de doutrinas abrangentes, de carácter religioso, moral e filosófico. Estas doutrinas abrangentes são visões do mundo e da vida que articulam valores a princípios num sistema, de forma mais ou menos completa e sofisticada. No entanto, nem todas essas teorias são racionais e razoáveis.

No início deste capítulo, abordámos brevemente as noções de racionalidade e razoabilidade dos indivíduos. Agora é necessário aplicá-las às próprias doutrinas abrangentes. As doutrinas racionais são aquelas que fazem sentido à luz da racionalidade meios-fins. Por sua vez, as doutrinas razoáveis são aquelas que verificam duas condições: a solicitude em propor termos de cooperação mesmo àqueles indivíduos que não seguem a mesma doutrina e de respeitar esses termos; a aceitação dos ónus da razão (*burdens of reason*). Este ponto é uma novidade especialmente importante no pensamento de Rawls e merece um tratamento cuidado.

Os ónus da razão são aquelas condições epistémicas que fazem com que indivíduos racionais e razoáveis, apoiando doutrinas abrangentes racionais e razoáveis, não possam, ainda assim, chegar a um acordo. Exemplos destes factores são: o carácter polémico e complexo das provas, a discordância quanto à importância relativa dos diferentes juízos, o carácter vago dos conceitos morais e políticos e a existência de casos especialmente difíceis, a influência da experiência pessoal de cada um de nós na avaliação dos nossos valores morais e políticos, etc. Os ónus da razão, portanto, explicam a manutenção – e até mesmo a multiplicação – da diversidade de doutrinas racionais e razoáveis ao longo do tempo, numa sociedade livre.

É claro que o pluralismo racional e razoável pode ser suplantado, mas apenas à custa da opressão, como acontece com todas as inquisições ou todos os regimes que suprimem as liberdades fundamentais. Fora disso, é necessário levar este pluralismo a sério, já que ele pode ameaçar a estabilidade de um regime constitucional e de uma sociedade justa. A questão consiste em saber de que forma os nossos valores políticos mais fundamentais podem suscitar o apoio de todos, apesar dos membros de uma sociedade justa, ou de um regime constitucional, adoptarem doutrinas abrangentes racionais e razoáveis tão diversas (quanto àquelas que não são de todo razoáveis – como o nazismo, o fundamentalismo religioso agressivo, etc. – apenas resta combatê-las).

Nas circunstâncias de uma sociedade pluralista, o tipo de consenso entre os cidadãos acerca dos princípios da justiça – e estamos a falar do consenso entre indivíduos reais, não do acordo hipotético na posição original – não pode ser linear. Isto é, os cidadãos não podem aderir aos mesmos princípios *pelas mesmas razões*. As razões mais profundas, situadas ao nível das doutrinas abrangentes, pelas quais um cristão conservador, um humanista ateu ou um muçulmano moderado aderem aos princípios que consagram as liberdades, a igualdade de oportunidades e a justiça económica não podem ser coincidentes. Daí Rawls sugerir que a estabilidade numa sociedade pluralista deve assentar naquilo a que ele chamou um "consenso de sobreposição" e já não num "consenso estrito".

Assim, as sociedades constitucionais e as sociedades justas terão necessariamente de retirar a sua estabilidade da criação de um consenso de sobreposição. Ele implica a existência de um núcleo de valores aos quais todos aderem por razões meramente políticas e partilháveis – teremos mais a dizer sobre isto já de seguida –, mas também um conjunto de razões de apoio a esses mesmos valores que varia consoante a doutrina abrangente de que cada um parte.

Rawls não desenvolve propriamente esta pluralidade de razões, precisamente porque pensa que isso é algo que cada doutrina razoável faz e deve fazer nas sociedades reais. Mas constrói alguns modelos de consenso de sobreposição sugerindo, por exemplo, um acordo entre uma perspectiva baseada na fé cristã, uma outra assente num liberalismo moral como os de Kant ou Mill, e ainda uma visão pluralista não sistematizada. Num consenso de sobreposição como este há sempre dois tipos de razões a invocar. Por um lado, as razões meramente políticas, baseadas nos valores políticos e não dependentes de nenhuma doutrina abrangente em particular. Por outro lado, as razões elaboradas a partir de cada uma das doutrinas abrangentes e que não podem deixar de incluir uma série de argumentos morais compreensivos, religiosos e metafísicos que não são compartilháveis por todos.

A propósito do consenso de sobreposição levantam-se algumas dúvidas que o próprio Rawls não deixa de prever, nomeadamente quanto à possibilidade de uma interpretação céptica. Se a justiça deixa de ser fundada numa doutrina abrangente para passar a admitir diversas fundações, então poderia pensar-se que a justiça deixa de ter uma fundação sólida para passar a assentar apenas em acordos estratégicos *de facto*. Rawls afasta essa possibilidade. Embora a justiça possa agora ser alvo de uma justificação meramente política, ao nível do núcleo do consenso de sobreposição, e do acordo aí gerado, ela continua a requerer uma justificação mais profunda. Mas temos de admitir que essa justificação possa ser plural, de acordo com as diferentes doutrinas abrangentes racionais e razoáveis em presença. Por outro lado, a justificação política não deixa de ser, ela própria, uma justificação moral. Como Rawls costuma frisar, ela não é política no mau sentido da palavra, mas política pelas melhores razões ético-políticas.

Na maioria das sociedades existentes não existe um verdadeiro consenso de sobreposição – e muito menos um consenso estrito – sobre a justiça. Esse modelo é ideal. No entanto, várias sociedades ultrapassaram já pelo menos o primeiro estádio que pode conduzir ao consenso sobre as questões básicas de justiça: o chamado consenso constitucional (uma ideia que Rawls retira de Kurt Bayer). O consenso constitucional, ao permitir assegurar as liberdades básicas – mesmo quando estas permanecem algo formais e não têm, como frequentemente acontece, o seu justo valor –, é um primeiro passo para o consenso de sobreposição sobre a justiça. O raciocínio de Rawls, exemplificado na experiência americana, parece ser o seguinte: em tempos não houve um verdadeiro consenso constitucional por causa da questão da escravatura; mas, hoje em dia, ninguém põe em causa a proibição da escravatura; da mesma forma, idealmente, um dia ninguém porá em causa um consenso de sobreposição acerca da justiça da igualdade equitativa de oportunidades e da distribuição da riqueza segundo o princípio da diferença. Ou seja, se houver uma verdadeira evolução moral da sociedade – o que não é garantido, como é óbvio – então um dia a desigualdade de oportunidades e as grandes desigualdades de riqueza afigurar-se-ão tão condenáveis como já é hoje a escravatura.

Dissemos acima que, ao tornar-se o centro de um consenso de sobreposição, a concepção de justiça como equidade – ou, já agora, qualquer outra que com ela queira competir – passa a poder ser justificada num plano meramente político. Usando uma frase que serviu de título a um artigo de

Rawls, no qual ele começou o percurso intelectual que iria levar à obra *Liberalismo Político*, a concepção de justiça pode, numa primeira instância, ser considerada "política, não metafísica". Nós diríamos antes: "política, não abrangente", isto é, não ligada, em primeira instância, a nenhuma doutrina compreensiva específica, ainda que possa ser depois ligada a várias dessas doutrinas, consoante o ponto de vista de cada uma delas.

Esta ideia obriga a introduzir algumas qualificações no modo como olhamos para a justificação da justiça tal como foi realizada na obra *Uma Teoria da Justiça*. Esta justificação poderia parecer fruto de uma espécie de construtivismo kantiano, segundo a expressão do próprio Rawls. Mas, em boa verdade, Rawls não opera no domínio da dedução transcendental, *i.e.*, não constitui nenhuma ontologia transcendental (e menos ainda transcendente). O tipo de construtivismo que ele efectua é mais político do que estritamente kantiano. Este construtivismo parte de uma base política empírica.

Os pontos de partida da teoria, recordemo-lo, são as ideias de cooperação social e de cidadãos dotados de poderes morais e, portanto, livres e iguais. Ora, estas ideias não são apresentadas como universais da natureza humana. Elas são retiradas de uma cultura política liberal, tal como a que se impôs na Europa depois das guerras de religião e deu origem ao constitucionalismo moderno. O construtivismo político de Rawls parte pois de ideias implícitas na cultura pública de muitas sociedades, na Europa, América, e não só, e não de uma análise *a priori* dos poderes da razão humana. Mais: o construtivismo político tem em vista um objectivo de natureza empírica, isto é, a definição da sociedade bem ordenada.

O construtivismo político de Rawls leva a que, em primeiro lugar, a justiça seja apresentada como uma perspectiva independente (*free standing*) em relação a outros valores e doutrinas. Em segundo lugar, a justiça aplica-se a um objecto específico e deve ficar restrita a ele: a estrutura básica da sociedade de uma democracia constitucional. A justiça não diz respeito aos fins específicos de associações, famílias e indivíduos, mas apenas ao enquadramento geral da democracia constitucional.

Como sugerimos acima, estas condições impostas pelo construtivismo político valem com certeza da mesma forma para outras concepções de justiça, ou outros princípios, que queiram competir com a "justiça como equidade" na formulação rawlsiana. O próprio Rawls não desenvolveu este ponto, mas ele parece-nos a nós da maior importância. Tal como o liberalismo igualitário de Rawls é "político, não abrangente", também outros o podem ser, ainda que não aceitando a concepção rawlsiana de justiça e corrigindo-a de alguma forma, ou mesmo substituindo-a por concepções muito diferentes. Há, ou pode haver, uma pluralidade de liberalismos políticos.

Um dos aspectos mais relevantes e interessantes dos últimos escritos de Rawls consiste no desenvolvimento da ideia e do ideal de "razão pública". A razão pública é aquela que é exercida no domínio político. Ou seja, o domínio da estrutura básica, o domínio do Estado e do poder coercivo da lei. Este é diferente do domínio não-político, que abarca aquilo que algumas tradições, como a hegeliana, designariam por sociedade civil: o domínio das igrejas, associações, escolas, empresas, famílias. Ao exercer-se no domínio político, a razão pública tem um escopo limitado. Ela diz respeito aos elementos essenciais da constituição e às questões básicas de justiça (englobando aqui, como é óbvio, os aspectos económicos e sociais). A razão pública é a que é utilizada por políticos profissionais, juízes, funcionários, e também pelos cidadãos quando votam e tomam parte na discussão política. Por fim, a razão pública usa as regras estabelecidas de inferência e os conhecimentos científicos geralmente aceites.

O *ideal* da razão pública consiste em mantê-la nessa esfera política e não abrangente. Neste sentido, o exercício da razão pública deve estar associado a um "método de evitamento" que consiste numa espécie de *epochê* das doutrinas abrangentes no domínio político. Numa sociedade pluralista, seria grande o efeito desestabilizador de um uso corrente destas doutrinas no domínio político (pense-se no que seria, por exemplo, se os juízes baseassem as suas sentenças em doutrinas abrangentes, se os políticos profissionais adoptassem políticas públicas baseadas nas suas próprias doutrinas abrangentes, com a exclusão de outras existentes na sociedade, e por aí adiante). Por isso o ideal da razão pública é tão importante.

Assim descritos, a ideia e o ideal da razão pública indicam que esta deve ser neutra em relação às diversas doutrinas abrangentes. Trata-se de uma neutralidade de justificação. Ou seja, as questões do domínio político devem ser discutidas e justificadas na base de razões que todos possam aceitar, independentemente das doutrinas abrangentes que advogam. Mas Rawls também admite brechas a este ideal quando, em situações de crise, é necessário justificar os valores públicos mais essenciais, os valores da Constituição e da justiça, contra os seus inimigos. Nestas situações poderá ser importante usar razões não públicas, por exemplo de natureza teológica, para defender esses valores (*e.g.*: Lincoln e o ataque ao esclavagismo, baseado numa interpretação das Escrituras). Este tipo de brecha que Rawls admite no ideal da razão pública merece uma discussão aprofundada, mas que extravasa em muito o escopo deste capítulo. Pelo menos numa primeira abordagem, não parece aceitável que o método de evitamento da razão pública seja abandonado quando isso é conveniente. O raciocínio de Rawls, neste ponto, parece mais estratégico do que baseado em princípios.

Capítulo III

A concepção libertarista

Existe uma alternativa libertarista à concepção rawlsiana de justiça. Poder-se-ia chamar "libertária" a esta concepção, como tradução mais directa do inglês "libertarian". No entanto, esta tradução poderia gerar confusão com a tradição libertária socialista. Ora, embora se possa certamente encontrar pontos de contacto entre a tentação anarquista do libertarismo contemporâneo e as correntes mais anarquizantes do socialismo histórico (pensamos aqui em Proudhon, Bakunine e Kropotkine, não em Stirner), o libertarismo é bem mais individualista e, por vezes, faz mesmo a apologia do egoísmo. Para os libertaristas, como veremos mais adiante, o próprio Rawls é culpado de falta de respeito pelo indivíduo e de "um excessivo socialismo" (na expressão de Nozick).

Assim, podemos caracterizar o libertarismo como a corrente que coloca o acento tónico apenas na liberdade negativa, ou liberdade como não interferência externa e coerciva, entendida como protecção de uma esfera individual inviolável que abre a cada um a possibilidade de fazer o que quiser consigo mesmo e com as suas posses. Mas o libertarismo é uma família intelectual com grandes variações internas. Uma forma canónica de mapear essas variações consiste em distinguir entre um libertarismo de cariz económico e um outro de tipo ético.

O libertarismo económico gira em torno do mercado livre e da sua protecção. Para este libertarismo, a questão essencial é a da eficiência dos mercados. A liberdade como não interferência externa, intencional e coerciva tende a ser sempre justificada pelo prisma do seu contributo para a existência de mercados eficientes e a consequente prosperidade económica. O principal representante desta família libertarista é Friedrich Hayek. O seu pensamento pode ser oposto ao de John Maynard Keynes e à ideia de que a maior eficiência se consegue através da combinação do mercado com a intervenção estatal. Algumas ideias básicas de Hayek continuam a ser especialmente glosadas pelos libertaristas contemporâneos e vale a pena visitá-las de um modo muito breve.

Ainda que Hayek seja por vezes considerado mais próximo do conservadorismo britânico, na tradição de Edmund Burke e Michael Oakeshott, a verdade é que muitas das teses centrais por ele defendidas são típicas do libertarismo económico. A primeira é a ideia de "ordem espontânea" (*grown order*), por oposição à ideia de "ordem fabricada" (*made order*). O erro dos antilibertaristas consistiria em tratar a sociedade e o mercado como uma organização, dando-lhes instruções através da legislação e da acção governativa, em vez de os tratar como uma ordem espontânea. Este erro é designado por "construtivismo" e pode ser contraposto ao "evolucionismo" favorecido por Hayek. Enquanto o evolucionismo considera que as instituições sociais bem sucedidas são o produto espontâneo das interacções de milhões de seres humanos ao longo do tempo, o construtivismo comete a falácia de olhar para o conjunto das instituições como produtos manufacturados por um artífice.

O construtivismo não só arruína o funcionamento da ordem espontânea, como é baseado numa visão insustentável acerca das capacidades do conhecimento humano. Não é possível a nenhuma entidade – nem mesmo ao Estado – concentrar todo o conhecimento necessário para uma intervenção consequente na sociedade e no mercado. A informação que seria requerida encontra-se dispersa pelos diferentes agentes sociais e económicos e não pode ser centralizada. Uma das razões pelas quais uma sociedade livre funciona melhor do que uma sociedade dirigida tem precisamente a ver com a possibilidade de utilização de um conhecimento disperso muito mais vasto na primeira do que o conhecimento centralizado utilizado na segunda.

Assim, Hayek é também levado a uma defesa intransigente da liberdade como não interferência externa e intencional na acção dos indivíduos. A defesa da liberdade assim entendida permite a realização do maior número possível de fins individuais. Ora, só uma ordem social liberal – entenda-se, libertarista – pode permiti-lo. Qualquer ordem social mais socialista constitui o "caminho para a servidão". Note-se que, segundo Hayek, este caminho pode ser percorrido não apenas nos países ditos do "socialismo real", mas também nas democracias liberais que optam por realizar políticas estatais de justiça social, procurando gerar determinados padrões distributivos. Essas políticas geram sempre menor liberdade (e também menos prosperidade, na medida em que destroem a ordem espontânea) [17].

A outra grande família libertarista, como sugerimos acima, apresenta uma visão mais centrada no primado ético da liberdade como não interferência do que propriamente na defesa do mercado livre (embora não deixe também de o fazer, como corolário). Há um grande conjunto de au-

---

[17] Cf. Friedrich Hayek, *O Caminho para a Servidão*, Lisboa, Edições 70, 2009 [1.ª ed. em inglês 1944].

tores nesta linha, mas o mais elaborado e representativo é certamente Robert Nozick, que aqui analisaremos em detalhe (a mesma linha inclui também Murray Rothbard, Jan Narveson, etc.). Antes de passar ao pensamento de Nozick, porém, impõe-se uma referência a uma autora libertarista ética que directamente o inspira: Ayn Rand.

Muito conhecida na América, Rand é uma escritora com tendências filosóficas praticamente ignorada na Europa. Rand defende a posição a que podemos chamar "egoísmo ético", numa argumentação de carácter biologista a favor do "direito à vida" que termina pela defesa de uma liberdade negativa, como não-interferência, de carácter absoluto([18]). O pensamento de Rand impressionou Nozick vivamente, mas ele não deixa também de se posicionar criticamente em relação a ela. Para Nozick, o direito à vida não constitui uma boa base para os direitos libertaristas na medida em ele poderia também levar à defesa de algum tipo de welfarismo, precisamente em nome da preservação do que é necessário à vida de todos os membros da sociedade. Ora, de um ponto de vista libertarista, isso é inaceitável. Como veremos agora, Nozick providencia uma justificação algo diferente, ainda que bastante incompleta, dos direitos libertaristas.

Robert Nozick inicia a sua obra política fundamental, *Anarquia, Estado e Utopia*, com a seguinte afirmação: "Os indivíduos têm direitos e há coisas que nenhuma pessoa ou grupo lhes pode fazer (sem violar os seus direitos)."([19]) Os direitos individuais estão pois na base de todo o pensamento deste autor. É a partir deles que se reflecte sobre a justificação do Estado, sobre a legitimidade moral do Estado

---

([18]) Cf. Ayn Rand, *The Virtue of Selfishness: A New Concept of Egoism*, Nova Iorque, Signet, 1961.

([19]) Robert Nozick, *Anarquia, Estado e Utopia*, Lisboa, Edições 70, 2009 [1.ª ed. em inglês, 1974], p. 21.

mínimo, e ainda sobre a falta de legitimidade de um Estado mais extenso do que o Estado mínimo. Mas, antes de passar à reflexão sobre o Estado, o cerne desta obra, convém reflectir um pouco sobre os próprios direitos individuais e as restrições morais a eles associadas.

Os direitos individuais de que fala Nozick são direitos pré-políticos, anteriores ao Estado. Nesse sentido, eles podem ser equiparados aos "direitos naturais do homem" do jusnaturalismo, ou jusracionalismo, moderno. Aliás, as referências a Locke são constantes no pensamento de Nozick, ainda que ele não o siga em muitos pontos e não recorra nunca à argumentação de cariz teológico do pensador inglês.

Estes direitos individuais são negativos na medida em estabelecem restrições (*side-constraints*) àquilo que os outros, incluindo o Estado, nos podem fazer. Além disso, os direitos são absolutos porque nunca podem ser violados e "há coisas que nenhuma pessoa ou grupo" está moralmente autorizada a fazer-nos. Mas como conceber o conteúdo desses direitos negativos absolutos?

As sugestões de Nozick ao longo da obra levam-nos à ideia de que os direitos devem ser concebidos, tal como em Locke, em torno da noção de "propriedade de si mesmo". Uma vez que cada indivíduo é proprietário de si mesmo, ele tem o direito de dispor da sua vida, da sua liberdade e das suas posses, legitimamente adquiridas pelo uso da sua liberdade, como bem entender. Assim, os direitos individuais têm sempre, no seu conjunto, uma conotação "proprietária" e ela resguarda cada indivíduo da invasão por outros da sua esfera de inviolabilidade.

A concepção dos direitos em Nozick é pois puramente deontológica, sem qualquer contaminação consequencialista. Isso mesmo pode ser expressado através das referências feitas pelo autor ao imperativo categórico kantiano na fórmula do "fim em si mesmo". Segundo Nozick, a sua interpretação neo-lockiana dos direitos individuais é também a melhor forma de garantir que cada indivíduo seja tratado como um fim em si mesmo e nunca como um meio. Outras concepções não tão estritamente deontológicas – e aqui cabem não só os utilitaristas, mas também o próprio Rawls, por causa do princípio da diferença –, acabam por permitir a instrumentalização dos indivíduos para fins que eles próprios não elegeram (como a maximização da utilidade social; ou a maximização das expectativas dos menos favorecidos).

Partindo desta concepção de direitos individuais, pergunta-se: que tipo de Estado será mais adequado para os proteger? Pode-se desde já adiantar que o Estado mais adequado para proteger os direitos libertaristas enunciados é o Estado mínimo, *i.e.*, o Estado guarda-nocturno da tradição que por vezes se designa por "liberalismo clássico" e que culmina no libertarismo económico mais recente de que se falou acima[20]. Este Estado mínimo está limitado às funções de protecção do cumprimento dos contratos e contra o roubo, a fraude ou o uso da força.

A partir daqui colocam-se duas novas questões. A primeira consiste em saber por que razão não seria preferível um Estado ainda menos extenso do que o Estado mínimo. Aliás, um ponto prévio poderia consistir em inquirir se algum tipo de Estado é necessário, ou se seria preferível a anarquia (no sentido de "ausência de Estado", não no sentido etimológico de "ausência de ordem"). Uma segunda questão consiste em saber por que razão não seria preferível um Estado mais extenso do que o Estado mínimo. Esta possibilidade

---

[20] O senso comum académico costuma atribuir o início desta tradição a Adam Smith. Mas ela é mais correctamente atribuível aos defensores do liberalismo económico no século XIX. O pensamento de Smith, tomado como um todo e não apenas em algumas frases soltas, é mais intervencionista do que pode parecer à primeira vista. Na verdade, Smith é favorável a um Estado mais extenso do que o Estado mínimo.

só pode ser descartada se se conseguir mostrar que um tal Estado seria mais atentatório do que protector dos direitos individuais.

Comecemos então pela primeira das duas questões agora enunciadas. Para a abordar, Nozick sugere uma experiência mental que remete para um estado de ausência de Estado, ou, mais exactamente, para o estado de natureza lockiano. Se pensarmos que, nesta situação, existem indivíduos com direitos morais, mas sem uma entidade à qual recorrer em caso de conflito, estamos diante do problema clássico que já Locke havia enfrentado. Locke salientava que o direito natural a fazer executar a lei da natureza que protege a propriedade – o direito a fazer justiça pelas próprias mãos em casos de infracção dessa lei – criava instabilidade no estado de natureza. Da mesma forma, Nozick reconhece que, no estado de natureza, não existe um modo claro de terminar as disputas que surgem entre os indivíduos e esta falta de clareza leva à insegurança.

Mas o estado de natureza é apenas uma primeira etapa do contrafactual construído por Nozick. Se o estado de natureza é inseguro, ele dará logicamente origem a uma nova etapa de evolução social na qual se procura corrigir o problema da insegurança. Essa nova fase é propiciada pelo surgimento de associações protectivas. Estas associações correspondem a uma primeira forma de organização da defesa dos direitos individuais entre vizinhos. Mas o grande problema das associações protectivas é a disponibilidade dos seus membros. A generalidade das pessoas não pode dedicar-se a tempo inteiro à sua protecção e à dos seus vizinhos. Esta dificuldade conduz a uma terceira etapa.

Progressivamente, as associações de protecção seriam profissionalizadas. O princípio geral da divisão do trabalho conduz à transformação dessas associações em empresas. A partir desse momento, os especialistas em protecção são contratados pelos não especialistas no sentido de assegurar a protecção dos seus direitos. Mas a concorrência entre agências e o normal funcionamento das leis do mercado dizem-nos que este não é ainda um estado estacionário.

A concorrência entre empresas de protecção leva necessariamente à fusão entre algumas delas, ou à compra de umas por outras. Deste modo, tende a formar-se uma agência de protecção dominante, ou uma federação de diversas agências, numa dada localização geográfica. Trata-se do fenómeno usual de concentração dos negócios, ou de monopólio, neste caso aplicado à protecção dos indivíduos e das suas posses. Mas uma nova etapa se segue.

Para melhor proteger os seus clientes, a agência de protecção dominante, ou federação de agências, anuncia publicamente que punirá todos aqueles que tentarem usar a força contra os seus clientes. Desta forma, a agência dominante reivindica o "monopólio da violência autorizada", primeiro indicador, na conhecida definição de Max Weber, de que estamos já na presença do Estado. Segundo Nozick, este é o Estado ultramínimo. Para chegarmos ao Estado mínimo, falta ainda percorrer uma etapa.

Se a agência de protecção dominante põe limites à acção dos independentes ao reivindicar o monopólio da violência autorizada, ou legítima, então tem a obrigação moral de os compensar. A compensação só pode acontecer mediante o fornecimento de serviços de protecção a todos, quer sejam ou não clientes à partida, "num dado território". Ora, esta definição territorial da protecção concedida é o segundo aspecto da definição weberiana do Estado. Estamos por isso aqui em presença do verdadeiro Estado mínimo. Ele garante a protecção dos indivíduos e das suas posses num dado território, protegendo-os contra o uso indevido da força, o roubo e a fraude, e velando pelo cumprimento dos contratos.

O contrafactual que aqui apresentámos resumidamente visa mostrar que o Estado mínimo surgiria necessariamente caso partíssemos do estado sem Estado. Note-se que, ao contrário do que acontece em Locke e noutros pensadores jusnaturalistas e contratualistas, o contrafactual nozickiano não requer o estabelecimento de um contrato social. A passagem gradual do estado de natureza ao Estado mínimo faz-se através de um deslizamento espontâneo e não através de uma construção contratual. O mecanismo que opera aqui é muito mais o da "mão invisível" de Adam Smith, embora sem o cunho teísta que esta noção adquire no autor da *Teoria dos Sentimentos Morais*. Tal como o mecanismo da mão invisível providencia uma harmonização natural dos interesses, aqui também se dá uma estabilização moral da sociedade no momento em que se atinge o Estado mínimo. Nesta etapa – e não em qualquer uma das anteriores –, fica resolvido o problema clássico da falta de clareza na resolução das disputas e da insegurança que daí advém no estado de natureza.

Porém, está ainda por responder a segunda das duas questões acima enunciadas: um Estado mais extenso do que o Estado mínimo não seria preferível em relação a este? Nozick pensa que não, como já sabemos. Mas o esclarecimento dos seus argumentos fundamentais implica uma análise da teoria da justiça económica que ele nos propõe([21]). Para já, é claro que Nozick considera que a justiça em geral consiste no respeito e protecção dos direitos individuais e que isso é conseguido através do Estado mínimo. Mas, como a extensão das funções do Estado costuma justificar-se através de teorias igualitárias da justiça *distributiva*, Nozick vê-se na necessidade de formular uma alternativa. Começaremos por esquissá-la, antes de enfrentar os argumentos e os exemplos mais conhecidos no ataque movido contra o Estado social, de justificação rawlsiana, utilitarista, ou outra.

Nozick dá por adquirida a ideia de protecção da vida e liberdade dos indivíduos. A alternativa à teoria da justiça distributiva tem de centrar-se na propriedade no sentido

---

([21]) Cf., em especial, Robert Nozick, *op. cit.*, cap. 7.

estrito, *i.e.*, nas posses ou haveres. Ele pretende determinar quando é que os indivíduos têm direito aos seus haveres. Por isso podemos designar a visão nozickiana como "teoria do justo título" ou "teoria da titularidade".

A teoria da titularidade contém três princípios que Nozick começa por apresentar de um modo muito sumário, mas aos quais intentaremos dar desde já algum conteúdo substantivo. O primeiro é o princípio de justiça na aquisição, segundo o qual uma pessoa que adquire uma propriedade sem infringir os direitos individuais de outrem tem direito a essa propriedade. Note-se que se trata aqui de aquisições iniciais, ou seja, de coisas que são retiradas da natureza (como matérias primas, por exemplo), ou são criadas pelo homem (exemplo: a patente de um medicamento), sem terem pertencido antes a ninguém.

A justiça na aquisição está, no entanto, sujeita a uma cláusula fundamental que Nozick designa por "restrição lockiana" (*lockean proviso*). Segundo Locke, a legitimidade da aquisição inicial implica que "se deixe o suficiente e igualmente bom em comum para os outros"([22]). Esta formulação da restrição subentende a visão de Locke segundo a qual a natureza foi dada por Deus a todos os homens e, portanto, ela pertence a todos por igual, pelo menos inicialmente. Mas a obrigação de deixar "o suficiente e igualmente bom em comum para os outros" implica também a possibilidade de o fazer. A perspectiva de Locke torna-se compreensível no horizonte histórico do século XVII europeu e das notícias de um mundo ainda por desbravar e, aparentemente, mais do que suficiente para toda a humanidade.

Assim, Nozick retoma a cláusula lockiana, mas não deixando de introduzir algumas modificações ou reinterpretações. A sua interpretação indica que as aquisições iniciais são permitidas desde que "ninguém seja prejudicado pela

---

([22]) Robert Nozick, *op. cit.*, p. 221.

aquisição". Subjacente a esta reformulação está a ideia – subtilmente diferente da de Locke – de que a natureza, pelo menos inicialmente, não é de ninguém. Isso permite qualquer aquisição inicial, mas proíbe que ela tenha como consequência que os outros fiquem pior. Nozick tem consciência que as aquisições iniciais de terra são coisa do passado e que, nos dias de hoje, quase toda a extensão do planeta tem proprietários. Mas o tema da justiça na aquisição continua a ser muito importante, já que é sempre possível aceder a mais e a novos recursos naturais, especialmente através do uso de novas tecnologias.

Assim, por exemplo, se alguém se apropria de um poço de água que existia já no deserto e que todos os passantes usavam, está a prejudicá-los e a sua apropriação é indevida. Mas se essa pessoa conseguir, talvez mediante o uso de novas tecnologias, encontrar água no deserto onde ninguém o tinha conseguido, a sua descoberta não prejudica ninguém – pelo contrário, pode beneficiar pelo menos alguns. Nesse sentido, essa pessoa pode apropriar-se do novo poço e, se o desejar, cobrar um preço a quem o quiser utilizar.

Da mesma forma, se um cientista consegue sintetizar uma nova substância medicamentosa com grande eficácia, por exemplo, no tratamento de alguns cancros, ele não tem a obrigação moral de tornar essa substância disponível no mercado. Ao sintetizar a substância, o cientista não deixou ninguém pior. Pelo contrário, ele poderá deixar alguém melhor se decidir comercializar a dita substância e daí retirar os respectivos proventos. É claro que poderia beneficiar ainda mais gente se prescindisse da patente da sua descoberta. Mas, de acordo com a justiça na aquisição e a restrição lockeana, não tem a obrigação moral de o fazer (como teria, por exemplo, se usássemos como critério o princípio de utilidade).

O segundo princípio da teoria do justo título é o princípio da justiça nas transferências, segundo o qual qualquer transferência de propriedade é válida se for feita no respeito pelos direitos individuais. Assim, se não se trata de roubo ou de fraude, as transferências são, em princípio, válidas. Isto aplica-se a qualquer contrato de compra e venda, assim como a doações, heranças, ou qualquer outra forma imaginável de transferência de posses.

Podemos desde já notar que tanto a justiça na aquisição como a justiça nas transferências denotam uma forma totalmente diferente – por contraposição a Rawls ou ao próprio utilitarismo – de pensar a justiça. Na versão nozickiana, a justiça não depende de nenhuma configuração social específica, mas apenas daquilo que aconteceu no passado. Por outras palavras, a justiça tem um carácter puramente histórico. Se as aquisições e transferências já acontecidas foram justas, então as posses dos indivíduos, sejam elas quais forem, estão plenamente justificadas. Elas existem a justo título. No entanto, será necessário ainda contemplar a hipótese, não negligenciável, de que algo tenha corrido mal no passado. Este ponto conduz-nos ao terceiro princípio da teoria.

Segundo o princípio da rectificação, ninguém tem direito às posses, excepto se elas decorrerem de sucessivas aplicações da justiça na aquisição e da justiça nas transferências. Ora, isso significa que, se se provar que houve uma aquisição ou transferência ilegítima no passado, a justiça impõe a sua rectificação. Se o passado no qual ocorreu a injustiça é recente, com certeza que os tribunais poderão impor a rectificação. Mas, se a injustiça ocorreu há muito tempo, ou se dependeu de grandes mudanças políticas, a questão torna-se mais difícil. Nozick refere explicitamente o caso dos índios americanos. Uma vez que eles foram injustamente desapossados das suas terras pelos colonos europeus, têm direito à aplicação do princípio de rectificação. Mas, como sabemos, essa aplicação não é fácil (um caso mais recente e parcialmente bem sucedido foi o da devolução do ouro nazi roubado aos judeus).

Mas as questões levantadas pela justiça na rectificação poderão ir ainda mais longe. Uma vez que os acontecimentos passados podem ser altamente duvidosos e difíceis de investigar, a única garantia da aplicação correcta da justiça na aquisição e nas transferências seria proceder a uma distribuição de posses totalmente igualitária, recomeçando tudo de novo. É certo que, passado algum tempo após uma distribuição igualitária, a desigualdade extrema seria de novo a regra na sociedade libertarista. Mas, neste caso, ela não colocaria qualquer problema de carácter moral, como pode colocar uma história cuja justiça nos suscita as maiores dúvidas.

Em todo o caso, a aplicação consequente do princípio da rectificação, exigindo o regresso à "estaca zero", parece-nos destrutiva para o pensamento de Nozick. Se fosse necessário ao Estado proceder a uma distribuição igualitária isso implicaria transformar o Estado mínimo num Estado socialista – precisamente aquilo que Nozick queria evitar. Nozick está bem consciente desta enorme dificuldade da sua teoria. Mas, ainda assim, pensa que começar de novo não seria o mais desejável, talvez porque "introduzir o socialismo como castigo pelos nossos pecados fosse ir longe de mais"([23]).

Estamos agora em condições de contrastar a concepção libertarista da justiça de Nozick com as teorias que normalmente associamos à função distributiva do Estado, como o liberalismo igualitário rawlsiano, ou mesmo o utilitarismo. O próprio Nozick contrapõe a sua visão histórica a outro tipo de princípios históricos mas de tipo "padronizado" (*patterned*) e aos "princípios teleológicos" (*end-result*). Comecemos por estes últimos.

Os princípios teleológicos, ou de resultado final, consideram que a justiça depende de uma determinada estrutu-

---

([23]) Robert Nozick, *op. cit.*, p. 281.

ra de distribuição. A justiça consistiria em tentar criar essa estrutura na sociedade. Existe justiça – ou não – em função daquilo que qualquer indivíduo X recebe, tendo em conta todos os indivíduos. É fácil de ver que o primeiro candidato a exemplo deste género de princípios é o princípio de utilidade. Maximizar o bem-estar equivale precisamente a gerar uma determinada distribuição na sociedade – um resultado-final, portanto – de tal forma que nenhuma outra poderia gerar uma soma total de bem-estar mais elevada. Julgamos que também um critério de tipo paretiano corresponde a um princípio de resultado final. Neste caso, a distribuição preferida é aquela que verifica o óptimo de Pareto, ou seja, a situação na qual não é possível nenhum ganho em eficiência na medida em que não é possível que alguém fique melhor sem que ninguém fique pior (recordo que uma comparação entre o princípio de utilidade e o princípio de Pareto foi já feita no capítulo anterior). Por fim, o princípio da diferença de Rawls é também finalista, pelo menos na interpretação de Nozick. Na posição original, debaixo do véu de ignorância, não se poderia nunca optar por uma concepção de natureza histórica. O princípio da diferença especifica um determinado resultado final na sociedade – a maximização da posição dos que estão pior à partida – e não garante o justo título das posses individuais.

Os princípios padronizados também podem ser históricos mas, contrariamente aos princípios da teoria do justo título, consideram que a justiça depende de alguma propriedade específica, como por exemplo o modo como a virtude ou o mérito individuais se fazem sentir ao longo do tempo. Os princípios padronizados são do tipo: a cada um segundo X. Esse X pode ser o mérito ou virtude moral, ou, alguma coisa do género, como a contribuição para a sociedade segundo um critério definido.

Segundo Nozick, os princípios padronizados impõem artificialmente uma determinada distribuição, como se as coisas existissem no mundo em suspenso, prontas para ser distribuídas. Ora, a distribuição não se pode separar da produção. As coisas já têm proprietários, a justo título, e não estão aí simplesmente à espera de ser distribuídas de acordo com algum padrão que alguém considera recomendável. A concepção do justo título, sendo embora de carácter histórico – como podem ser os princípios padronizados –, é claramente não padronizada.

O chamado "argumento Wilt Chamberlain" é muito sugestivo na medida em que permite explicitar a oposição de Nozick a todo o tipo de padronização e de procura explícita de resultados finais considerados justos. Na estória pensada por Nozick, o jogador da NBA Wilt Chamberlain faz um acordo com a sua equipa, segundo o qual receberá vinte e cinco cêntimos por espectador, por cada jogo em casa, durante toda a temporada de basquetebol. Sendo Chamberlain a estrela da equipa, este bónus especial parece bastante razoável. Mas, para tornar as coisas mais claras, os espectadores depositam directamente os vinte e cinco cêntimos numa caixa existente na bilheteira, com o nome de Chamberlain, de cada vez que adquirem um bilhete.

Entretanto, a época de basquetebol decorre com o habitual sucesso de bilheteira. No fim da época, verifica-se que foram vendidos um milhão de bilhetes para os jogos em casa. Isso significa que Chamberlain tem direito a duzentos e cinquenta mil dólares. É grande o contraste entre esta soma elevada e aquilo que os espectadores pagaram, ou os bónus que outros jogadores terão recebido. Mas a questão que se coloca, como é óbvio, é a seguinte: Chamberlain tem direito a esses duzentos e cinquenta mil dólares? Eles são seus a justo título? O argumento está construído para que o leitor de Nozick considere, para além de qualquer dúvida, que Chamberlain tem mesmo direito a essa soma. Partindo da ideia de justiça nas transferências, esse juízo também parece inatacável. No entanto, se transpuséssemos este argumento para a realidade da sociedade em que vivemos, o que aconteceria seria que o Estado social e distributivo, através do seu braço fiscal, confiscaria a Chamberlain uma parte – talvez mesmo uma parte substancial – desse seu rendimento. Trata-se de um roubo, portanto, num sentido muito preciso: o Estado obriga Chamberlain a fazer trabalhos forçados, a trabalhar para si em nome da justiça social ou da redistribuição.

De acordo com a teoria da titularidade, a parte que coube a Chamberlain é inteiramente justa, coincidindo assim com a intuição do leitor. Mas, contrariamente à intuição do leitor, os princípios da justiça social de resultado final ou padronizados obrigariam necessariamente ao roubo a que acima aludimos. Para atingir uma determinada estrutura distributiva e para precipitar no real um determinado padrão de distribuição, será sempre necessário confiscar as posses de quem as tem a justo título. De outra forma, onde se poderia colher os recursos necessários à distribuição?

Os princípios da justiça padronizados e de resultado final obrigam a uma constante interferência na vida das pessoas. Mesmo que não queiramos colocar a questão nos termos, sem dúvida fortes, do "trabalho forçado", temos de reconhecer que essa interferência é real na regulamentação da vida económica e da vida em geral, sobretudo ao nível da fiscalidade, e que sem essa interferência não é possível a justiça distributiva. Esta é, portanto, contrária à liberdade dos indivíduos. Tanto Chamberlain e a sua equipa como todos os espectadores dos jogos em casa actuaram livre e conscientemente. Fizeram uso pleno da sua liberdade. Mas, ainda assim, o Estado decide interferir nessa liberdade pela via da legislação e da fiscalidade.

Note-se que o exemplo Wilt Chamberlain presta-se à concepção de outros exemplos semelhantes, tanto mais que o próprio Nozick chama a atenção para o facto de que qualquer distribuição num momento D1, mesmo uma distribuição totalmente igualitária, redundará em desigualdade num qualquer momento D2, devido às múltiplas transferências livres entre os indivíduos. Ou seja, é possível imaginar uma série de situações nas quais a liberdade produz a desigualdade de posses e a maior igualização só pode ser feita mediante a interferência do Estado na liberdade individual.

Se, por exemplo, fizéssemos uma distribuição perfeitamente igualitária de barras de ouro entre os membros de um determinado grupo e aprazássemos um encontro desse mesmo grupo para um ano depois (ou dois, ou três...), constataríamos que, nessa altura, haveria uma distribuição muito desigual de barras de ouro. Uns teriam feito bons investimentos, outros investimentos ruinosos, uns teriam tido sorte e outros azar, e assim sucessivamente. Mas, supondo que entre o momento D1 da entrega igualitária de barras de ouro e o momento D2 da reunião posterior houve apenas um conjunto de transacções livres, a distribuição atingida em D2 é, segundo Nozick, inteiramente justa, ainda que alguns possam estar extremamente ricos e outros a viver na penúria. A intromissão do Estado no sentido de corrigir as desigualdades atingidas em D2 é, por isso, atentatória do exercício da liberdade individual. Mas convém recordar que este argumento de Nozick é feito em nome de uma concepção ultra-individualista e "proprietária" da liberdade. Um rawlsiano não veria nenhum problema na intervenção do Estado para corrigir desigualdades de riqueza, na medida em que a concepção da "justiça como equidade" começa precisamente por assegurar a protecção de um amplo sistema de liberdades básicas – o que parece contradizer, ou pelo menos limitar, o raciocínio de Nozick segundo o qual a redistribuição é contrária à liberdade.

Para terminar a apresentação geral do pensamento de Nozick, é importante chamar a atenção para a palavra "utopia" no título da sua obra principal. O pensamento utópico é tradicionalmente muito igualitário, ou mesmo claramente hostil à propriedade privada. Isso mesmo se pode constatar na *Utopia* de Thomas More, ou mesmo nas utopias *avant la lettre*, como a *República* de Platão. O que é interessante em Nozick é a apropriação do conceito para uma corrente de pensamento hiper-individualista e que parece situada nos antípodas do comunitarismo utópico.

Para Nozick, o Estado mínimo é um "enquadramento para a utopia". Ou seja, no quadro do Estado mínimo, todas as utopias são possíveis. Se, por exemplo, ninguém é obrigado a uma forma de vida socialista, também ninguém é proibido de o fazer, desde que não coloque o ónus desse facto em todos os outros cidadãos. Ou seja, se um grupo de cidadãos socialistas decidir criar uma comuna regida pelos princípios da abolição da propriedade privada, isso é perfeitamente possível. A propriedade privada pode ser abolida para os membros da comuna, enquanto a existência dos títulos de propriedade no quadro mais geral do Estado mínimo protege a existência dessa mesma comuna. No Estado mínimo, portanto, todos os mundos sociais parecem possíveis, desde que os direitos dos indivíduos sejam respeitados.

Mas passemos agora a uma breve comparação com a teoria do liberalismo igualitário. Nozick não deixa de se referir a Rawls em termos especialmente elogiosos, para logo o criticar. Segundo Nozick, a obra de Rawls – ele refere-se a *Uma Teoria da Justiça* – é de tal forma poderosa e sofisticada que constitui a mais importante contribuição para a Filosofia Política, pelo menos desde John Stuart Mill. Por isso, "os filósofos da política hoje têm ou de trabalhar no seio da teoria de Rawls ou de explicar por que razão não o fazem"[24]. Nozick quer explicar porque não o faz.

A argumentação que Nozick dirige directamente contra Rawls é, por vezes, algo formal. Por isso convém que nos con-

---

[24] Robert Nozick, *op. cit.*, p. 228.

centremos nos aspectos mais importantes e substantivos da crítica, de modo a abrir um pouco o espaço do debate entre os leitores porventura mais sensíveis à visão de Nozick e aqueles que estarão mais convencidos da solidez da perspectiva liberal igualitária (ou, em alternativa, da maximização da utilidade como princípio da política e da legislação).

Nozick critica a coerência da defesa rawlsiana do princípio da diferença. Rawls defende este princípio contra a lógica sacrificial do utilitarismo, ou seja, contra o aspecto agregativo da perspectiva utilitarista e a sua incapacidade para levar a sério a separação entre as pessoas. No entanto, Nozick considera que o princípio da diferença de Rawls incorre num erro similar. Este é justificado com base na ideia de que os talentos naturais não são merecidos e que, por isso, os rendimentos e riqueza que eles podem proporcionar devem ser colocados ao serviço de todos e, especialmente, dos mais desfavorecidos. Para Nozick, esta ideia equivale a uma colectivização das características naturais dos mais dotados. Eles são instrumentalizados ao serviço da comunidade como um todo. Portanto, os mais dotados são tratados como um meio e não como um fim, sendo os seus direitos flagrantemente violados.

Na base deste problema detectado por Nozick está a objecção à ideia de Rawls segundo a qual os talentos naturais são moralmente arbitrários e, por isso, os indivíduos não merecem ser recompensados por eles (com mais riqueza do que outros). Segundo Nozick, mesmo que os talentos sejam moralmente arbitrários e que os indivíduos os não mereçam, esses talentos pertencem a alguém, não são uma dotação colectiva, e, por isso, nada obsta moralmente a que os indivíduos possam lucrar no mercado graças aos seus talentos. Cada um é o justo proprietário de si mesmo, ainda que nada tenha feito para merecer essa propriedade. Por isso, cada um pode legitimamente ganhar vantagem no mercado usando os seus próprios talentos.

O individualismo radical de Nozick e da sua concepção de direitos choca aqui frontalmente com a concepção rawlsiana. Rawls parte da ideia de cooperação social, não apenas da ideia de indivíduo, e considera que essa cooperação conduz à necessidade da justiça para estabelecer os critérios de distribuição das vantagens e benefícios da vida social (traduzidos em bens sociais primários). Mas, para Nozick, esta conexão entre cooperação e justiça distributiva é "misteriosa". A cooperação não elimina a autonomia e responsabilidade individual. Da mesma forma, também não elimina os direitos individuais e os haveres a que cada indivíduo tem direito a justo título.

Note-se ainda que o choque entre o deontologismo porventura excessivo de Nozick e o utilitarismo é ainda mais claro, já que este não se importaria de sacrificar os direitos individuais de propriedade que Nozick considera invioláveis, em nome da maximização do bem-estar agregado. De certa forma, a crítica de Nozick a Rawls consiste em dizer que este último continua a ser, no fundo, um utilitarista e que isso mesmo está plasmado no princípio da diferença. Mas deixemos esta breve comparação e passemos a um novo desenvolvimento da concepção libertarista da justiça.

Embora o libertarismo seja geralmente considerado, do ponto de vista da luta política, como "de direita", afirmou-se recentemente uma tendência alternativa e que pode ser denominada de "libertarismo de esquerda". Esta tendência não deixa de ter raízes históricas, mas tem sido agora desenvolvida por autores como Peter Vallentyne, Hillel Steiner ou Michael Otsuka, entre outros. O libertarismo de esquerda aceita o ponto de partida nozickiano segundo o qual cada indivíduo é proprietário de si mesmo e cada um tem direito a fazer render os seus talentos no mercado, mesmo que eles não sejam merecidos. No entanto, este libertarismo acentua o facto de que os recursos naturais, não pertencendo a ninguém à partida, não podem ser transformados, pelo exercício desses talentos naturais, em propriedade a justo título. Daí o seu maior igualitarismo.

A "cláusula lockiana" dos libertaristas de esquerda é muito mais restrita do que a de Nozick. Para uns, cada indivíduo tem direito a uma parte igual dos recursos naturais existentes (Steiner). Para outros, a apropriação só se justifica se uma apropriação geradora do mesmo bem-estar estiver ao alcance de todos os outros (Otsuka) [25]. Mas, reconhecendo que os direitos de propriedade estão já legalmente estabelecidos por todo o lado, os pensadores desta corrente têm prestado especial atenção à definição de mecanismos específicos para tornar operativa a sua visão igualitária sobre a partilha dos recursos naturais. Assim, vários tipos de esquemas de impostos ou rendas sobre a propriedade de recursos naturais, incluindo a propriedade da terra, têm sido congeminados por estes pensadores com vista a estabelecer compensações, pela parte dos proprietários, para os não proprietários de recursos naturais.

---

[25] Cf., nomeadamente, Hillel Steiner, *An Essay on Rights*, Cambridge, Mas., Blackwell Publishing, 1994 e Michael Otsuka, *Libertarianism without Inequality*, Oxford, Oxford University Press, 2005.

Capítulo IV

A concepção comunitarista

Aquilo a que soi chamar-se "comunitarismo" na Filosofia Política contemporânea corresponde a um conjunto lato de teorias cujo principal elemento unificador parece ser a oposição aos liberalismos. O comunitarismo rejeita tanto o liberalismo libertarista de Nozick e outros, como o liberalismo igualitário rawlsiano e não rawlsiano. Enquanto que os diversos liberalismos são individualistas, baseando-se, na perspectiva comunitarista, numa noção abstracta e rarefeita do ser humano, o comunitarismo defende a "tese social" (a expressão de Kymlicka – que não é um comunitarista), isto é, a ideia segundo a qual os indivíduos não existem enquanto tal, ou pelo menos não podemos dar sentido à sua existência autónoma se não os encararmos no seio das suas relações e interacções sociais. Para o comunitarismo, portanto, o todo social é real enquanto que o indivíduo é uma construção.

A intuição básica do comunitarismo não é, como é óbvio, de todo original. Ela está presente em boa parte da Filosofia Social, sobretudo no século XIX. Recorde-se, a título meramente ilustrativo, a ideia marxiana de que o homem não é mais do que a soma das suas relações sociais (entendidas como "relações de produção", *i.e.*, como as relações que se estabelecem entre os seres humanos no processo produtivo). Esta ideia pode ser vista como uma versão antiga e peculiar da "tese social" do comunitarismo contemporâneo, no qual nos desejamos agora centrar.

O comunitarismo na actualidade conhece versões mais sociológicas e políticas, como se pode ver por exemplo na obra de Amitai Etzioni, mas tem também manifestações mais filosóficas e ontológicas, como nos casos de Michael Sandel, Michael Walzer e Charles Taylor. São estas últimas – aquilo a que alguém chamou "alto comunitarismo" – que aqui nos interessam.

Em teoria, o comunitarismo pode ser *hard* ou *soft*. Isto é, pode haver comunitaristas que se afastem decisivamente do liberalismo e defendam algum tipo de política que choca com os valores centrais do constitucionalismo liberal, assim como outros que criticam fortemente a Filosofia Política do liberalismo e o tipo de políticas públicas a que as perspectivas liberais podem dar azo, mas sem ir ao ponto de colocar em causa a herança do constitucionalismo liberal e das liberdades básicas por ele consagradas. Os filósofos comunitaristas relevantes, como os mencionados no parágrafo anterior, podem e devem ser incluídos nesta última categoria.

O comunitarismo contemporâneo foi inaugurado com um livro de Michael Sandel intitulado O *Liberalismo e os Limites da Justiça*, de 1982. Embora o próprio Sandel não goste do epíteto "comunitarista" e o seu pensamento actual possa ser mais correctamente descrito como "perfeccionista", a sua obra é uma contribuição fundamental para compreendermos a demarcação da corrente comunitarista em relação aos principais pensadores liberais, nas vertentes libertarista ou igualitária, mas sobretudo em relação a Rawls, a *bête noire* filosófica de Sandel. No entanto, o pensamento de Sandel releva mais pela crítica do que pela contribuição substantiva no sentido de construir uma teoria comunitarista da justiça. Por isso não podíamos deixar de abordar aqui também aquele que é talvez o pensador comunitarista mais interessante e que oferece uma formulação da justiça verdadeiramente alternativa às dos liberais igualitários e libertaristas: Michael Walzer.

Sandel ataca em Rawls a ideia do primado da justiça[26]. As teorias que defendem o primado da justiça são, do seu ponto de vista, formas de "liberalismo deontológico" que devem ser severamente criticadas. O liberalismo deontológico baseia-se no primado da justiça tanto ao nível da justificação como ao nível substantivo. Comecemos pelo segundo aspecto.

Ao nível substantivo, o primado da justiça traduz-se na ideia de que a justiça é "a primeira virtude da sociedade". Isso significa que os princípios da justiça não podem ser sacrificados a nenhum outro valor social, como seriam os valores do bem-estar, da prosperidade, ou outros do género. Ao negar esse sacrifício da justiça perante outros valores, o liberalismo deontológico de Rawls revela-se como anticonsequencialista.

Mas o primado da justiça em Rawls encontra-se também ao nível da justificação. Os princípios da justiça, como vimos, são formulados independentemente de uma concepção determinada do bem e apenas em função de uma teoria restrita do bem que toma em conta a existência de bens sociais primários necessários como instrumento para os diversos indivíduos, independentemente das concepções específicas do bem que eles possam ter. Neste sentido, o

---

[26] Para o argumento aqui exposto, cf. Michael Sandel, *O Liberalismo e os Limites da Justiça*, 2.ª Edição, Lisboa, Fundação Gulbenkian, 2005.

liberalismo deontológico de Rawls é antiteleológico. Ele não permite que a justiça seja justificada com recurso a uma ideia completa do bem, como acontece, por exemplo, nas tradições aristotélica e escolástica.

Segundo Sandel, estes dois aspectos do primado da justiça em Rawls estão intimamente relacionados. É pelo facto de considerar que o justo tem prioridade sobre o bem no processo de justificação que Rawls é levado a pensar que a justiça tem o primado substantivo em relação a outros valores, incluindo a maximização da utilidade. Mas não se pense que Sandel procura um qualquer regresso ao utilitarismo que Rawls procurou criticar. Pelo contrário, a proposta de Sandel irá no sentido de integrar na conceptualização da justiça uma ideia de bem que não se limite à de utilidade, nem na versão subjectiva e eudaimonista do utilitarismo clássico, nem na da satisfação das preferências racionais, típica do utilitarismo contemporâneo.

Sandel identifica em Kant – correctamente, do nosso ponto de vista – a origem do deontologismo rawlsiano (embora, neste último caso, sem preocupações ontológicas). Também para Kant, a prioridade moral do justo é tornada possível pelo seu primado fundacional. A lei moral não pode pressupor nenhum fim empírico e contingente. Isso deve-se à ideia de que os princípios da lei moral são fundados independentemente face a qualquer noção específica do bem no sujeito racional e capaz de vontade autónoma. A justificação última para o deontologismo kantiano reside pois na prioridade do sujeito em relação aos seus objectos. Só um sujeito desse tipo permite dar sentido à ideia de liberdade humana, para além dos determinismos naturais.

No entanto, Rawls afasta-se de uma filiação estrita no idealismo transcendental de Kant, substituindo-o pelo argumento da posição original e pela escolha que as partes levam a cabo. O argumento da posição original permite a justificação dos princípios da justiça a partir de uma construção racional operada por sujeitos concretos – nós, aqui e agora, que imaginamos a posição original – e sem necessidade de recurso a um sujeito anterior aos seus objectos e habitante do reino dos fins.

Porém, o argumento central de Sandel consiste em dizer que Rawls não consegue verdadeiramente prescindir de uma noção de natureza humana inspirada em Kant. O carácter deontológico do liberalismo de Rawls, o seu antiteleologismo e anticonsequencialismo, assentam, segundo Sandel, numa "concepção metafísica da pessoa" que encontramos sub-repticiamente escondida na teoria da justiça como equidade e, muito especialmente, no argumento da posição original. Em Rawls, a pessoa é vista como um ser antes de mais *racional* e com a capacidade para perseguir e rever as suas concepções do bem. Para Sandel, a teoria rawlsiana desenvolve-se precisamente para proteger as capacidades humanas assim concebidas. Ou seja, a teoria não seria compreensível sem esta concepção de natureza humana que lhe é ínsita.

Recorde-se que Rawls nega explicitamente este ponto e considera que aquilo que diz sobre o indivíduo ou cidadão como sendo dotado de racionalidade, ou sobre a racionalidade das partes na posição original, não consiste numa descrição metafísica da natureza humana, mas tão só em pressupostos morais, com vista à construção de uma teoria da justiça para sociedades pluralistas, recorrendo ao equilíbrio reflectido e ao construto hipotético da posição original. Aliás, outros pressupostos, como por exemplo a razoabilidade dos indivíduos, são também introduzidos neste processo justificatório. No entanto, Sandel insiste que Rawls, *malgré lui*, não pode dispensar uma teoria metafísica da pessoa e que é essa teoria que dá sentido à "justiça como equidade".

A melhor forma de exemplificar a argumentação de Sandel consiste em recorrer à sua análise do argumento da posição original. É na própria posição original que podemos encontrar uma visão metafísica da pessoa que privilegia a pluralidade do bem individual em relação ao bem comum e a separação das pessoas em relação à sua interdependência. Na descrição da posição original, as partes não só não têm conhecimento das concepções completas do bem daqueles que representam, como são seres preocupados apenas com a sua vantagem própria e mutuamente desinteressados. Por isso, as partes vão escolher princípios de justiça que não só não tomam em conta o bem comum, como afastam o pressuposto da benevolência entre os seres humanos em nome de um pressuposto egoísta.

Se na posição original temos partes puramente racionais e maximizadoras do interesse próprio, não admira que os princípios de justiça aí escolhidos sejam aqueles que melhor servem pessoas concretas racionais e maximizadoras dos seus próprios interesses. A consequência do argumento da posição original, do modo como a justiça é justificada, é o primado substantivo da justiça e um tipo de sociedade que Sandel chama "república processual". Para Sandel, a sociedade justa de Rawls é indesejável e, de certa forma, o tipo de sociedade em que se vive já, pelo menos nos Estados Unidos, patenteia os mesmos defeitos: o sacrifício da substantividade do bem em função das regras que definem o justo. Nestas circunstâncias, a justiça (rawlsiana) pode ser vista mais como um defeito do que como um avanço moral.

Vejamos agora com mais pormenor as características da teoria rawlsiana da pessoa, na perspectiva de Sandel. Em primeiro lugar, a pessoa é vista como um ser desincorporado (*disembodied*) e descontextualizado (*unencumbered*), um ser etéreo e situado fora da comunidade. Em segundo lugar, e como consequência, a pessoa rawlsiana é independente dos seus próprios fins e ligações. Esses fins e ligações não são constitutivos da pessoa. Elas são antes aquilo que a pessoa escolhe mas que lhe é exterior. Em terceiro lugar, a concepção de pessoa de Rawls é voluntarista. Isso significa que, na visão atribuída a Rawls, os indivíduos se relacionam com os seus fins através de uma escolha entendida como um puro acto da vontade. Ao serem produto da vontade, os fins individuais nunca poderão ser constitutivos e, pelo contrário, podem ser facilmente trocados por outros.

Para além da crítica a Rawls, o comunitarismo de Sandel está patente na concepção alternativa da pessoa que ele favorece. Para este autor, nós somos, à partida, definidos pelo nosso contexto. Somos seres incorporados e inserido na comunidade. Assim, os nossos fins e ligações são constitutivos, quer nós o queiramos quer não. Nós não escolhemos os nossos fins, somos antes escolhidos por eles. Finalmente, a nossa natureza não é voluntarista. Nós não nos compreendemos através das escolhas que fazemos, mas antes através de processos de autoconsciencialização mediante os quais descobrimos quem efectivamente somos.

Partamos do princípio que a crítica de Sandel colhe e que o liberalismo deontológico de Rawls assenta, em última instância, numa concepção metafísica da pessoa profundamente errada. Que consequências adviriam daí para a sustentabilidade teórica dos princípios da justiça como equidade? Ao contrário da crítica nozickiana a Rawls, a crítica sandeliana afecta mais o primeiro princípio da justiça do que o segundo. Para Sandel, aliás, o segundo princípio e, muito especialmente, o princípio da diferença, é perfeitamente compatível com a sua noção comunitarista de pessoa, mas está em contradição com a ideia de pessoa em Rawls. Vejamos porquê.

O princípio da diferença, recorde-se, está associado à ideia de que os indivíduos não são moralmente responsáveis pelos seus talentos ou características naturais. Por isso a sociedade no seu conjunto deve rectificar a porção – de rendimento ou riqueza – que recebem aqueles cujos talentos são menos remunerados pelo mercado. Mas essa ideia, como já Nozick notara, equivale a colocar em comum os talentos individuais. Eles deixam de pertencer a cada um de nós para passarem a pertencer à comunidade. Portanto, a justificação última do princípio da diferença terá de ser necessariamente uma concepção da pessoa inserida na comunidade, como aquela que é favorecida por Sandel. A concepção de pessoa de Rawls não é capaz de justificar o princípio da diferença que ele próprio adoptou.

É então ao nível do princípio das liberdades que a crítica de Sandel afecta mais directamente a justiça como equidade. Em Rawls, as liberdades visam garantir a possibilidade de cada um escolher a sua concepção de bem e de a mudar ao longo da vida. Um Estado que garanta as liberdades básicas deve justificar as suas políticas de forma neutra em relação às diferentes concepções particulares do bem. As liberdades, portanto, desempenham um papel antiperfeccionista. É precisamente contra isto que Sandel se insurge. Em função da sua concepção da pessoa, da prioridade do bem na definição do justo e da inserção comunitarista desta definição de bem, as liberdades têm de ser interpretadas tendo em conta uma concepção determinada do bem e não apenas a concepção restrita – limitada aos bens sociais primários – que Rawls utiliza na definição da justiça e no próprio argumento da posição original.

Embora estas consequências do pensamento de Sandel não fossem muito claras na primeira edição do seu livro, elas surgem com maior nitidez na segunda edição acrescentada e em alguns outros escritos que ele foi, entretanto, publicando. Pense-se numa liberdade específica: a liberdade religiosa. No quadro do liberalismo deontológico, a estrutura básica deve proteger essa liberdade e, depois, cabe a cada um escolher o seu caminho. Mas, para Sandel, as convicções religiosas não são uma questão de escolha voluntarista, não são uma mera preferência. Elas fazem parte da inserção comunitária dos indivíduos e não podem ser vistas como uma mera escolha entre outras. Por isso faz sentido que o Estado proteja certas práticas por serem práticas religiosas e não por serem escolhas entre outras escolhas. Por isso mesmo é que o Estado pode e deve permitir determinados feriados com base religiosa, apesar de isso não ser neutral em relação àqueles que não são religiosos. Ou permitir o uso de determinadas vestes e símbolos religiosos, ainda que outras vestes e símbolos não religiosos possam ser interditos no mesmo contexto (por exemplo nas escolas ou instituições públicas; Sandel rejeitaria a proibição francesa do uso de símbolos religiosos nas escolas como uma infracção à liberdade religiosa correctamente entendida). Na interpretação de Sandel, portanto, a ideia de neutralidade da estrutura básica e da razão pública é rejeitada como inoperacional e indesejável.

Para finalizar, note-se que, embora a crítica de Sandel se dirija quase exclusivamente a Rawls, ela não deixa de tocar indirectamente todas as outras formas de liberalismo igualitário e, *a fortiori*, de libertarismo. O libertarismo, como exemplificado por Nozick, radicaliza o individualismo de base que podemos encontrar em Rawls e, portanto, fica ainda mais exposto à ideia de que depende de uma teoria da pessoa inadequada, ou mesmo totalmente errada. Esta é a crítica de sempre às diversas perspectivas individualistas e racionalistas, muito associadas a uma ideia de "atomismo social". Podemos encontrar esta crítica geral não só em Sandel, mas também em autores como Charles Taylor – de que falaremos no próximo capítulo – ou Michael Walzer, de que trataremos já a seguir.

O pensamento de Walzer é mais marcadamente comunitarista do que o de Sandel, mas também muito mais pluralista do que o deste (em que sentido, é algo que veremos mais à frente). Walzer rejeita o excessivo abstraccionismo das Filosofias Políticas liberais e o modo "de cima para baixo" como elas tendem a pensar a justiça. O objectivo de Walzer afasta-se da perspectiva moralista que formula princípios gerais em termos abstractos (a justiça como equidade, o princípio de utilidade, um princípio de perfeição, direitos individuais absolutos, etc.), para enveredar por uma visão mais inserida na comunidade e de carácter interpretativo. Por isso o seu método poderá ser visto como uma aplicação à Filosofia Política de uma perspectiva hermenêutica, que poderíamos aproximar de alguns pensadores da Europa continental (por exemplo, quando Ricoeur elabora as suas reflexões sobre "o justo", recorre especialmente a Walzer, juntamente com Rawls).

Não é por isso de admirar a grande diferença de estilo entre a escrita de Walzer e a dos autores anteriormente estudados nesta disciplina. Enquanto que Rawls e Nozick – e também Sandel – usam o estilo mais usual da análise filosófica, mas combinado, nos dois primeiros, com o raciocínio económico e jurídico, Walzer está mais próximo das ciências humanas e sociais, em particular da História e da Antropologia. É precisamente esse estilo mais empírico e interpretativo que encontramos na obra do autor que concitará aqui a nossa atenção: *As Esferas da Justiça*, inicialmente publicada em 1983.

Partamos então da comunidade. É a partir daqui, de cada comunidade específica existente no tempo, que se pode pensar os valores políticos e, naturalmente, também aquilo que se entende por justiça. Pensar a justiça significa sempre fazê-lo a partir de um determinado contexto e compreender a diversidade desses contextos. Podemos ver isso mesmo ao pensar sobre os bens de que a justiça se ocupa, sobre os critérios da sua distribuição e sobre o modo como se configuram as identidades pessoais.

Todos os bens são bens sociais na medida em que aquilo que os torna bens é o sentido que lhes é atribuído numa dada comunidade. Um bem não é bem em si mesmo, mas apenas em função daqueles para quem é um bem. Não existe uma lista universal, ou pelo menos geral, de bens sociais primários. Há uma pluralidade de bens. Aquilo que constitui um bem, material ou imaterial, num determinado contexto pode não constituir um bem num outro contexto. Aliás, até no âmbito da mesma comunidade e num mesmo momento histórico uma determinada "coisa" pode ter sentidos radicalmente diferentes. O pão pode ser um alimento. Mas também pode ser o corpo de Cristo.

O mesmo se aplica ao modo como cada sociedade considera que os bens devem ser distribuídos. Os critérios de distribuição dos bens não dependem da coisa em si a ser distribuída, mas antes do seu carácter social, do modo como cada bem é percebido e valorizado por uma comunidade específica. Os critérios de distribuição de cada bem estão intimamente ligados ao bem a distribuir e ao seu carácter eminentemente social.

Podemos assim ver em que sentido Walzer fala de esferas de justiça. Cada uma dessas esferas é composta por um bem ou um conjunto de bens, juntamente com os critérios da sua distribuição. Todas as sociedades têm diversas esferas de justiça, embora a separação e complexificação das esferas seja provavelmente mais marcada no mundo contemporâneo. Muitas vezes as esferas não são totalmente autónomas, mas têm autonomia relativa umas em relação às outras.

Finalmente, as identidades pessoais numa comunidade estão largamente dependentes daquilo que essa comunidade considera constituírem bens e dos modos da sua distribuição, ou seja, das esferas da justiça. Aquilo que nós somos depende dos diversos bens materiais ou imateriais que podemos possuir ou desejamos, sejam eles o dinheiro, a educação, o reconhecimento social, a graça divina, ou qualquer outro.

Até agora, temos referido o ponto de partida comunitarista de Walzer e já indicámos de que modo ele se traduz num pluralismo. Esse pluralismo diz respeito à pluralidade das esferas da justiça em cada comunidade. Mas que comunidade? Como defini-la? Onde traçar as fronteiras? Também aqui há uma variabilidade na história. A comunidade é sempre traçada pela política, pelo modo como o poder político é distribuído num determinado grupo humano, não necessariamente pela afinidade cultural. Essa comunidade em que os sentidos partilhados sobre as esferas da justiça se desenvolvem pode ser a tribo, ou polis, ou o Império, etc. No contexto presente, é o Estado moderno.

Assim, a primeira esfera da justiça a considerar é precisamente a qualidade de membro de uma determinada comunidade política. Cada comunidade configura essa esfera da justiça de forma diferente, definindo quem pode ser membro e quem não pode ser, quem pode entrar e quem não pode. Ou, depois de entrar, qual o estatuto que deve ter (estrangeiro residente, trabalhador-hóspede, cidadão naturalizado, etc.). Segundo Walzer, cada comunidade tem o direito de fixar os seus critérios de admissão, embora deva integrar aqueles que deixa entrar. Neste aspecto, como noutros, a posição de Walzer é anti-cosmopolita e favorável a um mundo com fronteiras. Como ele costuma dizer, "os bons muros fazem os bons vizinhos".

A discussão sobre a qualidade de membro é especialmente importante nas sociedades contemporâneas devido aos novos fluxos migratórios. Mas, tanto na história como no presente, são diversificadas as respostas às múltiplas questões que a definição da qualidade de membro coloca. Há políticas de fechamento e de abertura, há processos mais fáceis ou mais difíceis de acesso à plena cidadania, dependendo das tradições e do carácter de cada comunidade política. Em todo o caso, a qualidade de membro é sempre o primeiro bem a distribuir pela comunidade, já que dele depende o acesso aos outros bens.

Uma segunda esfera muito relevante é a da provisão social, ou seja, do tipo de segurança e assistência social que uma comunidade considera dever providenciar aos seus membros. As variações são imensas. Pensemos no caso da saúde, especialmente focado por Walzer. Se nós hoje, pelo menos nos países europeus, consideramos que todos os habitantes devem ter acesso a cuidados básicos de saúde e que a distribuição desses cuidados deve ser feita com base na necessidade, isso não foi assim na maior parte do tempo. A tradição europeia, desde a Idade Média, era a de que a saúde do corpo era privada e apenas a saúde da alma deveria ser pública.

Podemos estabelecer comparações com contextos mais longínquos. Na *polis* grega, por exemplo, a prestação dos cuidados de saúde também não era responsabilidade do Estado. Mas este achava ser sua responsabilidade providenciar aos cidadãos a frequência de ginásios e banhos. Eis uma forma muito contrastante, em relação à nossa, de considerar os bens a distribuir na esfera da provisão social, assim como os critérios da sua distribuição.

Pensando ainda nos cuidados de saúde, pode-se contrastar os entendimentos partilhados sobre a sua distribuição actualmente na Europa (universalidade e gratuidade) com aquilo que acontecia nos Estados Unidos antes da reforma introduzida pelo Presidente Obama e, em alguma medida, continua a acontecer (inexistência de universalidade ou de gratuidade). Mas, tanto nos Estados Unidos como na Europa, os nossos entendimentos partilhados estão a mudar rapidamente (não necessariamente no mesmo sentido em todo o lado).

Consideremos agora a esfera do dinheiro e das mercadorias. Esta é a esfera do mercado, onde o valor dos bens ou mercadorias depende do seu valor de troca, expresso em dinheiro. O critério de distribuição nesta esfera é a compra e venda, de acordo com as leis da oferta e da procura. Mas todas as sociedades têm listas de exclusões em relação à esfera do mercado e do dinheiro. Ou seja, há sempre determinadas coisas que, segundo o entendimento partilhado das sociedades, não se podem comprar nem vender.

Por exemplo, nas sociedades europeias e americanas na actualidade, a compra e venda de seres humanos é estritamente interdita. Mas, como sabemos, não foi essa a regra no passado. Nós consideramos também, para dar mais alguns exemplos, que o poder político e a justiça criminal não devem estar à venda, embora nem sempre consigamos estabelecer os mecanismos institucionais que nos permitam estar à altura dessa nossa convicção. Pense-se noutro caso: o da mobilização para as forças armadas. A nossa obrigação de cumprir serviço militar não está sujeita às leis do mercado, não a podemos comprar e vender. No entanto, no passado não era esse o entendimento. Era comum na Europa e na América que os mais ricos, quando mobilizados, pagassem a alguém para os substituir no serviço militar. Um caso curioso, não referido por Walzer, é o das pessoas que são pagas para cumprir as promessas religiosas de outrem. Intuitivamente, essa parece-nos uma troca bloqueada. Mas não o era no passado e nem mesmo na actualidade. Ou, pelo menos, não há um entendimento firme sobre o assunto.

Ainda assim, há muitas coisas que se podem comprar e vender no mercado. Na opinião de Walzer, demasiadas coisas. O dinheiro tende a ser, na famosa expressão de Marx nos *Manuscritos de 1844*, "a alcoviteira universal". Na nossa sociedade, o dinheiro tende a invadir, por exemplo, a esfera da provisão social, especialmente no caso dos cuidados de saúde, que deviam ser distribuídos de acordo com a necessidade e não de acordo com o seu valor de mercado e o dinheiro que se possui. Muitos outros exemplos poderiam ser aqui dados – e sê-lo-ão, mais à frente – já que o carácter imperialista da esfera do mercado e do dinheiro é, na opinião de Walzer, o maior problema de muitas sociedades contemporâneas.

Uma outra esfera é a dos cargos e empregos. O modo como eles devem ser distribuídos conheceu grandes variações. O nosso entendimento é o de que eles deviam ser distribuídos com base no mérito e nas qualificações, pelo menos na maior parte dos casos (noutros podem ser, por exemplo, por nomeação política ou indicação familiar). Mas Walzer chama a atenção para o facto de que a própria ideia de qualificações adequadas é mais complexa do que parece à primeira vista. Os factores a considerar na adequação de um indivíduo a um determinado cargo ou emprego são muitos e não são sempre os mesmos. A determinação do mérito e qualificações adequadas não é taxativa. Em todo o caso, em contextos diferentes do nosso na actualidade, a visão mais comum parece ser radicalmente diferente, consistindo na ideia de que a distribuição de cargos e empregos não deve ser baseada no mérito e nas qualificações, mas antes no nascimento, ou na raça, ou nas redes de influência (nepotismo).

Ainda uma outra esfera da justiça é a da graça divina. Ela é distribuída por Deus, segundo os seus próprios e insondáveis critérios. Embora, na história do Ocidente cristão, haja divergências quanto a esses mesmos critérios (entre católicos e protestantes), a graça divina sempre foi um bem muito disputado, não só por permitir aceder à vida eterna, mas também por facilitar o acesso ao poder político ou outras prerrogativas. A separação entre a Igreja e o Estado na América e na Europa é uma história longa e não linear. Este ponto é especialmente importante e tem a ver com a próxima e última esfera que vamos aqui considerar.

A esfera do poder político, do poder no quadro do Estado, é determinante. Embora o nosso tempo tenha assistido a uma expansão das ideias democráticas, as modalidades dominantes de distribuição do poder político são outras. O nosso critério actual é o do controlo democrático, através de eleições com sufrágio universal. Outros critérios, historicamente dominantes, incluem a graça divina e a honra hereditária. Mas a razão pela qual, sejam quais forem os critérios da sua distribuição, a esfera do poder político é determinante, tem a ver com o facto de ela ter uma grande influência no modo de traçar as fronteiras entre as esferas.

Assim, num regime teocrático, a fronteira entre o poder político e a graça divina é elidida. Num regime laico ela é estabelecida. Numa sociedade na qual a esfera do mercado é especialmente invasiva, o poder político pode ser por ela colonizado (gerando uma plutocracia). Mas o poder político também pode contribuir para a separação dessas duas esferas. Nestes aspectos, a cidadania democrática tem um papel fundamental.

Aquilo que aqui se disse sobre as esferas de justiça de forma alguma espelha o texto de Walzer, recheado de uma enorme riqueza de exemplos e pormenores. Por um lado, muito mais haveria a dizer sobre as esferas focadas. Por outro, nada foi dito sobre outras esferas que são também abordadas por Walzer: os trabalhos árduos, o tempo livre, a educação, o parentesco e o amor, o reconhecimento social. O nosso intento foi puramente ilustrativo.

Estamos agora em condições de introduzir alguns conceitos básico do pensamento walzeriano e que o levarão à defesa da ideia de "igualdade complexa". Tendo em consideração as relações e sobreposições entre as diferentes esferas da justiça em qualquer sociedade, Walzer distingue entre o que chama "monopólio" e o que designa por "predomínio".

O monopólio consiste em possuir um determinado bem ou conjunto de bens, dentro de uma mesma esfera, acumulando-o face a possíveis rivais. Se alguém tem a mais do que outros de algo, isso pode ser perfeitamente justificável à luz dos critérios de distribuição dessa mesma esfera, ou seja, em função do significado social do bem ou bens em causa. Assim, se alguém tem mais cuidados de saúde porque deles necessita – e não, por exemplo, porque é mais rico –, não há nada de errado nisso. Da mesma forma, se alguém tem mais dinheiro na esfera do mercado, isso não parece moralmente errado, desde que sejam respeitadas as trocas bloqueadas na sociedade em causa. No entanto, o monopólio consiste geralmente em controlar um determinado bem social para tirar partido do seu carácter predominante.

Ora, o predomínio consiste no uso de um bem ou de um conjunto de bens de uma esfera para obter vantagens numa outra esfera. No predomínio, a utilização dos bens não é determinada pelo seu significado social intrínseco. Se, numa sociedade como a nossa, alguém usa a sua riqueza para obter vantagem na esfera do poder político, ou vice-versa, isso é predomínio. O mesmo acontece se alguém usa o monopólio que possa ter na esfera da graça divina para obter vantagem nas esferas do dinheiro ou do poder político, etc. O predomínio está moralmente errado porque consiste em ultrapassar as fronteiras entre as esferas da justiça estabelecidas pelos próprios entendimentos partilhados numa determinada sociedade. Os grandes problemas surgem quando o monopólio conduz ao predomínio, gerando também a supremacia do grupo social predominante. Daí Walzer sugerir uma certa estratégia distributiva: "Nenhum bem social X deverá ser distribuído a homens e mulheres que possuam um bem Y, só por possuírem este último e sem ter em conta o significado daquele X."[27]

A partir destas distinções conceptuais, Walzer critica o ideal da "igualdade simples", partilhado pela maior parte dos filósofos contemporâneos que se dedicam ao estudo da justiça. A igualdade simples consiste em tentar quebrar o monopólio de algum bem ou conjunto de bens. Os defensores da igualdade simples preconizam uma distribuição mais igualitária de alguns bens, especialmente dos bens considerados dominantes. Assim se entendem os princípios

---

[27] Michael Walzer, *As Esferas da Justiça*, Lisboa, Presença, 1999, p. 36.

de tendência igualitária em relação à distribuição de riqueza, ou às oportunidades de acesso a funções e posições, ou às próprias liberdades. Os autores que tratámos em capítulos anteriores preconizam aspectos deste igualitarismo (incluindo Nozick, em relação à igualdade da liberdade). Segundo Walzer, porém, a desigualdade existente em todas ou algumas esferas da justiça pode estar perfeitamente justificada pelos entendimentos partilhados numa dada comunidade. Não há, portanto, razões para tentar igualizar aquilo que não se pensa que deva ser igualizado e não cabe aos filósofos políticos dizer como as coisas devem ser, a partir de uma teoria moral abstracta.

Em contraste com a igualdade simples, a igualdade complexa que Walzer defende consiste em considerar que a posição de alguém numa esfera não é determinada pela posição que tem numa outra esfera. Assim, as vantagens que alguns possam ter numas esferas não são repercutidas nas outras. A igualdade complexa equivale à manutenção das fronteiras entre as esferas de acordo como o modo como cada comunidade política considera que essas fronteiras devem ser traçadas. Segundo a igualdade complexa, o problema não está nos monopólios em si mesmos, mas apenas no facto de alguns monopólios estarem associados ao predomínio.

Alguns consideram que o que Walzer chama igualdade complexa não é verdadeiramente uma forma de igualdade. Na nossa opinião, porém, e para usarmos em relação a Walzer, como o fazemos com todos os autores, do princípio geral da "caridade hermenêutica", há claros efeitos igualitários na manutenção da distinção entre as esferas. Aquilo que permite a existência de grandes desigualdades sociais é precisamente a colonização das várias esferas por uma esfera predominante, como acontece no mundo de hoje em relação à esfera do mercado e do dinheiro em muitas sociedades, ou às esferas da graça divina e do poder político não democrático em várias outras. Ainda que não corresponda à noção clássica de igualdade (dar a todos o mesmo, ou próximo disso), a categoria walzeriana de igualdade complexa tem inegáveis efeitos igualizadores, ainda que muito dependentes do contexto social que se esteja a considerar e da divisão de esferas aí existente.

Além do mais, como Walzer assinala, se a inexistência de igualdade complexa significa injustiça, o problema maior ocorre quando o extremo predomínio exercido por alguma esfera sobre a outra acaba por levar à tirania. Neste caso, o predomínio em relação aos bens transforma-se em predomínio sobre as pessoas. Mais uma vez, isso acontece quando a esfera do poder político se torna imperial, mas o mesmo pode acontecer quando esse totalitarismo esférico vem da parte da graça divina, ou do mercado e do dinheiro, etc. (a título informativo, pode acrescentar-se que, como Walzer considera que este último é o grande perigo na sua própria comunidade política, os Estados Unidos, o seu posicionamento ideológico é o do socialismo democrático; é nesse sentido que tem sido civicamente interventivo, especialmente através da revista *Dissent*, de que é co-editor).

Um dos problemas que mais têm sido levantados a propósito do pensamento de Walzer é o do seu eventual relativismo cultural. O cerne da questão reside no ponto de partida comunitarista de Walzer e na ideia de que as esferas da justiça só podem ser devidamente pensadas a partir da experiência concreta de cada comunidade. As esferas da justiça e, portanto, também a própria igualdade complexa que elas podem ou não patentear, dependem dos entendimentos morais dominantes em cada contexto.

É certo que Walzer admite que esses entendimentos não são fixos e que a crítica interna nas várias sociedades constitui um elemento fulcral dessa mudança. Mas ele também defende que não cabe à Filosofia Política mais abstracta determinar quais são os novos entendimentos que uma sociedade deve partilhar. Pensemos num caso concreto. Se os padrões de direitos humanos da sociedade chinesa não nos agradam, não nos cabe a nós, ocidentais, dizer aos Chineses quais os padrões que deveriam adoptar. Se a sociedade chinesa assistir à emergência de padrões mais consentâneos com a sensibilidade ocidental, então esse terá de ser um processo que emerge da própria evolução dos entendimentos partilhados na China. Não pode ser imposto do exterior e com base em teorias nascidas num outro contexto.

Parece-nos portanto inegável que o pensamento de Walzer abre caminho ao relativismo cultural. Porém, o próprio autor considera, em escritos posteriores a *Esferas de Justiça*, que o seu ponto de vista permite defender uma espécie de universalismo a que chama "universalismo contextual". Segundo esta perspectiva, embora o universalismo moral abstracto não permita escapar ao relativismo – ele próprio é relativo a determinados contextos –, o universalismo contextual permite, de um modo mais empírico, investigar o que é comum às várias comunidades.

Todos os seres humanos são produtores de sentido e em todas as sociedades existem esferas de justiça, ainda que em algumas a complexidade das esferas seja maior do que noutras. Isto não é certamente apenas uma coincidência. É a partir desta realidade que podemos tentar encontrar estruturas morais convergentes, uma moral mínima. Muitas vezes as nossas estruturas morais estão mais próximas das de outras sociedades do que pensamos. Mas este universalismo não é imposto a partir de uma teoria abstracta. É uma universalismo prático e de reiteração.

Como nota final, recorde-se que uma boa parte do comunitarismo, como é o caso do próprio Walzer, é politicamente "de esquerda", isto é, igualitário. No entanto, é também perfeitamente possível desenvolver um comunitarismo "de direita", não igualitário, na tradição do pensamento conservador. Um exemplo disso mesmo, mas não o único, é o filósofo inglês Roger Scruton([28]). Ele aceita o ponto de partida do particularismo histórico e cultural – neste caso, especificamente inglês –, para depois valorizar as tradições e instituições que conferem coesão e sentido à nação (a relação com a natureza, a religião, o casamento tradicional, etc.). Um autor como Scruton poderia facilmente aceitar os aspectos essenciais da crítica comunitarista ao individualismo liberal mas, em termo políticos, está nos antípodas do comunitarismo igualitário e muito mais sofisticado de um autor como Walzer.

([28]) Cf., por exemplo, Roger Scruton, *A Political Philosophy: Arguments for Conservatism*, London, Continuum, 2006.

Capítulo V

Justiça e multiculturalismo

A Filosofia Política de Rawls e a das alternativas libertarista e comunitarista ocupou-se especialmente da própria conceptualização da justiça, tratando as questões da liberdade e igualdade, como vimos, e da sua relação com os direitos individuais, o mercado, a comunidade e o bem comum, o pluralismo das visões do mundo e das próprias esferas da justiça, etc. Porém, estas formulações foram feitas no pressuposto não assumido da homogeneidade da comunidade política. Ou seja, os autores mais significativos das últimas décadas do século xx não chegaram a teorizar a questão da diversidade cultural das sociedades em que vivemos. Isso pode ter acontecido por uma questão de prioridade, mas também porque consideraram que tal tarefa não caberia à Filosofia Política. No entanto, tudo mudou em poucos anos.

A partir das contribuições de Charles Taylor e de Will Kymlicka, entre outros, a Filosofia Política tem vindo a tentar introduzir essa outra modalidade do pluralismo – a da diversidade cultural das sociedades – nas suas preocupações centrais. A grande questão consiste em saber até que ponto as concepções da justiça – igualitárias, libertaristas ou comunitaristas – devem ou não incorporar políticas e direitos especiais para a protecção das minorias culturais.

A literatura sobre a matéria cresceu exponencialmente nas duas últimas décadas. Para além de impulsionada pelos trabalhos da Antropologia e da Sociologia, que há muito se vinham ocupando da questão, a Filosofia Política parece ter sido também inspirada pelos acontecimentos mundiais que tornaram mais visível a multiculturalidade de quase todas – se não mesmo todas – as sociedades em que hoje vivemos. Esta visibilidade foi acrescida pelo fim da Guerra Fria e o ressurgimento de conflitos étnicos, assim como pelo grande crescimento dos fluxos migratórios internacionais.

Para começar, convém ter em conta que a multiculturalidade constitui um campo semântico demasiado extenso, onde não é incomum, mesmo no discurso filosófico, incluir coisas muito díspares. Assentemos pois algumas ideias básicas. Uma primeira forma de multiculturalidade é a que consiste na existência de diversas comunidades históricas com uma base territorial. O Quebeque no Canadá, a Catalunha ou o País Basco em Espanha, as comunidades francófona e flamenga na Bélgica, as nações índias na América, são apenas alguns exemplos deste facto. Muitos dos Estados actualmente existentes são multiculturais neste sentido, ou se se preferir dizer, são multinacionais.

Um segundo tipo de multiculturalidade, muito diferente, é aquele que decorre da imigração. Esta constitui grupos distintos da maioria existente num dado Estado, mas estes grupos não têm um carácter histórico e uma base territorial sólida. A multiculturalidade deste tipo tanto existe em países tradicionalmente de imigração, como os do Novo Mundo (EUA, Brasil, etc.), como, crescentemente, nos Estados tradicionais da Europa e de outras regiões do mundo. Embora os fenómenos migratórios tenham conhecido grande crescimento nos anos mais recentes, muitos países europeus com tradição colonial começaram a receber grandes influxos ainda nos anos sessenta do século XX, quando o crescimento económico do pós-guerra requeria mão-de-obra em quantidade.

Estas duas categorias cobrem certamente os casos mais significativos, mas estão longe de esgotar todos os aspectos da multiculturalidade das sociedades em que vivemos. Assim, por exemplo a minoria cigana, importante em vários países da Europa, incluindo o nosso, não é nem uma minoria nacional nem uma minoria formada pela imigração recente. Trata-se antes de um grupo muito antigo e móvel, que sempre se manteve separado da sociedade maioritária. Da mesma forma, o caso tão significativo da minoria de origem africana nos Estados Unidos não encaixa na dicotomia. Essa minoria não é uma nação histórica, mas também não pode ser equiparada a um grupo imigrante, na medida em que há muito que está em terra americana e a sua chegada não foi feita voluntariamente, mas à força.

Outra questão ainda mais afastada da nossa dicotomia essencial é a da multiculturalidade num sentido mais vago, dizendo respeito a um conjunto alargado de "grupos" não necessariamente definidos de um ponto de vista étnico, como as mulheres, os velhos, as minorias sexuais, etc. Este uso muito mais vago do termo multiculturalidade não é de todo incomum, mas foi especialmente teorizado por Iris Marion Young, a partir de uma conceptualização que identifica os diferentes grupos alvo de dominação, sejam eles de índole étnica ou outra. Embora o pensamento de Young e de outros autores na mesma linha tenha grande interesse, neste capítulo vamos centrar-nos na acepção mais clássica da multiculturalidade, sobretudo nas duas modalidades acima definidas([29]).

([29]) Para a visão de Young, centrada em todos os grupos oprimidos e não apenas nas minorias étnicas ou nacionais, cf. Iris Marion Young, *Justice and the Politics of Difference*, Princeton, Princeton University Press, 1990.

À partida, os principais paradigmas políticos contemporâneos não pareciam muito hospitaleiros em relação às preocupações multiculturais. Do ponto de vista liberal – englobando aqui as versões igualitária e libertarista –, era dominante a ideia da universalidade da cidadania e das próprias políticas decorrentes dos princípios e direitos adoptados. As divergências entre igualdade e liberdade, direitos civis e políticos *versus* direitos sociais, Estado mínimo e Estado social, e outras do género, diziam respeito a uma igual consideração dos indivíduos, perfeitamente independente da sua pertença a um grupo cultural ou étnico.

Com mais razão, do ponto de vista comunitarista, a preocupação central com a interdependência ou mesmo solidariedade entre os membros da comunidade parecia afastar o enfoque no facto de que essas comunidades são, na verdade, heterogéneas e não homogéneas. Apesar disso, foi no seio do pensamento comunitarista que emergiu um pensamento favorável às políticas multiculturalistas.

O filósofo canadiano Charles Taylor pode ser integrado na corrente comunitarista já que o seu trabalho privilegia o desenvolvimento de uma ontologia social de tipo holista. No quadro da Filosofia Política contemporânea, Taylor surge como um crítico dos pressupostos individualistas do liberalismo e das noções correlativas de liberdade como não-interferência e direitos negativos. Segundo Taylor, mais do que de um ponto de vista estritamente político, o liberalismo erraria ao estar vinculado a uma antropologia atomista que não dá devida conta da nossa relação com os outros e da própria concepção do bem, dignidade e estatuto do ser humano enquanto tal. Porém, estes são os enquadramentos que marcam a identidade do humano e nos tornam capazes de avaliações morais sólidas.

Tal como Sandel, Taylor considera que a nossa vida enquanto agentes morais é uma tarefa de auto-interpretação que não pode dispensar a ancoragem do indivíduo numa determinada comunidade. Nesse aspecto, a comunidade linguística em que nos inserimos é fundamental. Nós definimo-nos em função dos nossos interlocutores. É através da interacção com os "outros significantes" (a expressão é de George Mead) que as nossas avaliações têm lugar e a nossa identidade é formada. O humano não se constitui isoladamente ou monologicamente.

Ao aplicar a sua ontologia do humano à reflexão sobre a multiculturalidade, Taylor irá acentuar a importância das identidades culturais e, para isso, convoca a categoria hegeliana do "reconhecimento"[30]. Para Taylor, o reconhecimento não é um luxo, mas antes uma necessidade humana fundamental. É mediante o modo como os outros nos reconhecem e nós próprios nos reconhecemos que emergem as nossas identidades.

Taylor assinala a grande transformação ocorrida com a passagem das sociedades tradicionais e hierárquicas às sociedades modernas na Europa. Nas sociedades hierárquicas, como as do Antigo Regime, o reconhecimento é providenciado pela honra. Uma vez que a mobilidade social é escassa, é o nascimento que determina a honra a que cada um tem direito. Nas sociedades modernas posteriores, o reconhecimento torna-se mais igualitário, não dependente de uma hierarquia social rígida, e estabelece-se na base da dignidade. A dignidade das pessoas, ao contrário da honra, é uma forma igualitária de reconhecimento.

Porém, no quadro moderno da "dignidade" foi entretanto operada uma grande transformação. Devemos distinguir dois períodos fundamentais, correspondentes a duas

---

[30] Cf. Charles Taylor *et al.*, *Multiculturalismo*, Lisboa, Instituto Piaget, 1998 [1.ª ed. em inglês desta versão: 1994]. Esta obra contém, para além do texto de Taylor, uma série de curtos comentários a esse texto por parte de alguns dos mais interessantes pensadores políticos contemporâneos.

modalidades de reconhecimento igualitário. Essas duas modalidades são também duas formas de política.

A primeira delas é a "política da igual dignidade". Ela consiste na integração de todos os indivíduos na esfera da cidadania. A atribuição da igual dignidade é feita mediante o reconhecimento de que todos, apesar das suas diferenças, são cidadãos iguais. O universalismo da cidadania é cego em relação às diferenças entre indivíduos e grupos precisamente porque essa é a forma de assinalar a igual dignidade de todos e de cada um, em contraste com as diferenciações baseadas na honra.

Grande parte dos movimentos sociais e lutas políticas dos últimos dois séculos pode e deve ser compreendida à luz da política da igual dignidade. Basta pensar nas lutas pela emancipação de minorias étnicas na Europa e na América, como nos casos dos judeus e dos descendentes dos escravos africanos. Essas lutas foram guiadas pelo objectivo de acesso ao mesmo estatuto de cidadania, pela universalidade da cidadania.

Segundo Taylor, porém, a partir dos anos setenta do século XX impuseram-se outras reivindicações que, pelo menos à partida, parecem ter uma lógica distinta. Assim somos conduzidos a uma segunda modalidade da luta pela dignidade: a "política da diferença".

Os novos movimentos sociais já não reivindicam a igualdade da cidadania para os grupos que representam – que já está garantida –, mas antes o reconhecimento da sua especificidade, ou da sua diferença. Os afro-americanos, por exemplo, deixaram em muitos casos de protestar contra o tratamento desigual, para passarem a reivindicar ser reconhecidos na sua diferença. Da mesma forma, muitas comunidades distintas na Europa reivindicam a manutenção da sua diferença contra a absorção pelo *mainstream* social. A política da diferença não é cega em relação aos grupos específicos em que os indivíduos se podem integrar. Pelo contrário, ela sugere que a dignidade está agora associada à manutenção e protecção dessa diferença.

A política da diferença pode aplicar-se a diferentes grupos sociais: as mulheres, os grupos etários com identidade própria, as minorias sexuais, etc. Mas Taylor parece interessar-se apenas pelas comunidades culturais tal como nós as considerámos acima, ou seja, as minorias étnicas da imigração e, sobretudo, as nações históricas. Aliás, embora o seu pensamento se situe sempre num elevado grau de abstracção, parece-nos que ele tem por detrás a relação especial deste pensador com um exemplo muito particular: a situação do Quebeque no quadro do Canadá (Taylor é natural do Quebeque, embora tenha passado grande parte da vida no Canadá de língua inglesa). Voltaremos a este exemplo mais adiante.

Para justificar as políticas da diferença em relação às comunidades culturais distintas, Taylor introduz o pressuposto de um "igual valor das culturas", pelo menos *prima facie*. Quando fazemos juízos que diminuem o valor das outras culturas, isso deve-se ao facto de que analisamos esse valor de acordo com o ponto de vista da comunidade cultural em que nos inserimos. A ideia de uma valor desigual das culturas – primitivas e civilizadas, etc. – parece estar estritamente ligada ao etnocentrismo. Se o quisermos ultrapassar, portanto, devemos partir do princípio do igual valor das culturas.

Se assim é, então não existe nenhuma razão para nos opormos às políticas da diferença que visam a preservação no tempo de culturas minoritárias, ameaçadas pelo imperialismo das culturas maioritárias. Este ponto leva Habermas a considerar, num dos comentários críticos ao supracitado texto de Taylor, que este pretende preservar as culturas tal como geralmente se preserva as espécies animais em perigo de extinção. Mas aqui interessa-nos sobretudo levar o argumento de Taylor até ao fim, não deixando também de o exemplificar.

Taylor recorda que o Quebeque, tal como outras comunidades culturais distintas (podemos pensar na Catalunha, por exemplo), não pode contentar-se com a política da igual dignidade. Embora esta tenha a maior importância, ela não prevê o facto de que as sociedades têm fins colectivos que também têm de ser tomados em conta, como a preservação da sua língua e cultura. A promoção da igual dignidade não impede que a língua e cultura quebequenses fiquem dissolvidas face ao Canadá anglófono. A única forma de o impedir é mediante as políticas da diferença.

No caso em apreço, Taylor defende políticas como a do ensino obrigatório para todos em francês, incluindo para os filhos de famílias anglófonas. Outros exemplos são a obrigatoriedade do uso do francês em letreiros comerciais, ou como língua de trabalho em todas as empresas com mais de cinquenta funcionários, etc. É claro que este tipo de medidas coloca restrições aos habitantes não francófonos do Quebeque. Mas Taylor parece pensar que essas restrições são apenas um pequeno preço a pagar pela garantia da sobrevivência da especificidade linguística – e, com ela, da especificidade cultural num sentido mais lato – do Quebeque.

Num plano mais abstracto, pode dizer-se que, para Taylor, a política da diferença, sendo embora distinta da política da igual dignidade, pode e deve ser vista como um complemento daquela e nunca como o seu antónimo. Ao exigirem políticas da diferença por parte do Estado, as comunidades culturais distintas não estão a trair o ideal da igual dignidade, mas antes a completá-lo. As políticas da diferença são uma nova modalidade do reconhecimento da dignidade de todos e de cada um, em sociedades pós-hierárquicas.

Aliás, Taylor não deixa de ser também crítico dos aspectos socialmente desagregadores de algumas políticas multiculturalistas. O seu multiculturalismo, ao apostar no igual valor das culturas, procura também o diálogo entre elas e, em última instância, uma "fusão de horizontes" (a expressão é de Gadamer). Ou seja, ao conhecerem-se, as diferentes culturas devem também transformar-se de modo a chegarem a uma verdadeira compreensão e reconhecimento mútuos.

Mas políticas multiculturalistas não são sustentáveis apenas a partir de uma visão comunitarista e crítica do individualismo liberal, como a de Taylor. Coube a outro filósofo canadiano, Will Kymlicka, o grande impulso da reflexão sobre a multiculturalidade a partir de uma perspectiva liberal igualitária. A obra mais influente de Kymlicka é, provavelmente, *Multicultural Citizenship: A Liberal Theory of Multicultural Rights*, de 1995. É sobretudo a partir dela que vamos aqui expor o pensamento deste autor.

Vejamos, para começar, de que forma a teoria multiculturalista de Kymlicka assenta numa base liberal. Segundo Kymlicka, a maior parte de nós aceita a importância da protecção das liberdades básicas – e isso é especialmente verdade em relação aos vários tipos de liberais. No entanto, as liberdades básicas não são um fim em si mesmo. Ao contrário do modo como alguns comunitaristas caricaturam a prioridade conferida às liberdades básicas – basta pensar em Sandel – nenhum liberal considera que estas sejam um fim em si mesmas. Elas são antes um meio, um instrumento, para que cada indivíduo possa realizar a sua concepção determinada de bem e desenvolver o seu plano de vida.

Ora, a opção entre concepções do bem e planos de vida por parte de cada um de nós não é operada no vazio, ou feita em abstracto – essa é outra falácia comunitarista –, mas antes num contexto determinado. Esse contexto é o da comunidade cultural ou, na expressão que Kymlicka passou a adoptar, o da "cultura societal" em que vivemos. Uma cultura societal é formada por um conjunto de práticas, sentidos, memórias e, geralmente, por uma língua comum. Mas uma cultura societal não deve ser vista como uma entidade histórica enquistada e fixada no tempo (como por vezes acontece, por exemplo, no quadro das ideologias nacionalistas). Uma cultura societal evolui no tempo e pode conter um grande pluralismo de visões do mundo e da vida. Note-se ainda que Kymlicka usa a ideia de cultura societal tanto para as culturas de tipo nacional como para as que têm origem na imigração, ou ainda para alguns casos específicos acima assinalados, como seria o dos ciganos na Europa.

Segundo Kymlicka, existe uma ligação privilegiada entre cada indivíduo e a sua cultura societal. A cultura societal a que cada um pertence, ou na qual cada um nasceu ou foi criado, é um elemento fundamental na vida dos indivíduos, quer eles queiram mais tarde continuar ligados a ela, quer não. Sendo a cultura societal algo de que todos necessitam independentemente de tudo mais que possam desejar, ela deve ser vista como um bem social primário, no sentido de Rawls.

Dito isto, devemos convir que nem todas as culturas societais, numa sociedade multicultural, estão numa mesma situação, ou gozam de um mesmo estatuto. Por norma, a cultura maioritária goza de um estatuto superior e os que foram criados na cultura maioritária têm uma vantagem especial. Não raras vezes, as culturas minoritárias estão numa situação de clara fragilidade e os que são criados nessas culturas estão em desvantagem em muitos aspectos: na escola, no acesso às profissões, no contacto com a administração pública e o sistema de justiça, nos contactos sociais, etc. É precisamente por esta razão que se justifica a existência de políticas multiculturalistas e a atribuição de direitos multiculturais. Estas políticas e direitos visam proteger o contexto cultural no quadro do qual se desenrolam as escolhas individuais e, portanto, eles têm como objectivo dar valor às liberdades individuais. A base liberal da teoria kymlickiana fica assim robustamente estabelecida.

A questão das políticas e dos direitos específicos a atribuir aos indivíduos em função da sua pertença a culturas societais minoritárias é, em larga medida, uma questão empírica. Mas podemos recorrer às tipologias propostas pelo nosso autor para ilustrar aquilo que ele tem em mente. As políticas multiculturais são muito diversificadas e podem incluir o apoio ao ensino da língua da comunidade em questão, às associações que protegem a cultura da comunidade, à realização de festividades próprias, etc. No âmbito destas políticas merecem especial atenção, pelo seu carácter polémico, as políticas de tratamento preferencial ou discriminação positiva no acesso às instituições de ensino e ao emprego, tanto no sector público como no privado. Este tipo de política pode também ser perseguido com outros objectivos – como a igualdade de género –, mas é frequentemente usado como parte das políticas multiculturalistas.

Mas, mais relevante e com maior alcance institucional do que este tipo de políticas multiculturalistas, é a concessão de direitos multiculturais. Estes implicam a modificação dos estatutos legais e a concessão de um estatuto especial aos membros de culturas minoritárias. Em alguns casos, estes direitos são mesmo constitucionalizados.

Kymlicka propõe a distinção entre três tipos de direitos multiculturais([31]). Seguiremos a categorização de Kymlicka, mas os exemplos e explicações adicionais são da nossa conta. Em primeiro lugar, os direitos de autogoverno. Estes incluem formas de autodeterminação, a criação de reservas especiais, ou as políticas federalistas. Estas são formas de proteger uma comunidade cultural dentro de um mesmo Estado. Quando isso não é possível, o passo seguinte é a independência, ou o divórcio político (como entre a República Checa e a Eslováquia) – nestes casos, já não estamos no âmbito dos direitos multiculturais. Em geral, os direitos de autogoverno aplicam-se às nações históricas, às culturas societais com base territorial, portanto (Quebeque, Catalunha, etc.).

([31]) Will Kymlicka, *Multicultural Citizenship: A Liberal Theory of Multicultural Rights*, Oxford, Oxford University Press, 1995, pp. 26-33.

Em segundo lugar, os direitos poliétnicos. Estes visam a protecção de práticas específicas de grupos sem base territorial, como os imigrantes (mas, segundo nos parece, também podem aplicar-se a outros casos, como os ciganos). As práticas a proteger são as consideradas mais fundamentais para a manutenção de uma cultura societal e para a sua não diluição na cultura maioritária: por exemplo, a concessão de feriados legalmente reconhecidos para os membros de uma determinada cultura societal; ou então o direito a usar a língua própria nos tribunais e no contacto com a administração pública; ou ainda o direito – não apenas o apoio – a aulas na sua língua nas escolas oficiais; ou o direito à isenção de regras de higiene e bem-estar animal para permitir uma alimentação de acordo com a tradição de alguns grupos (para que a comida, nomeadamente de origem animal, seja *kosher* ou *halal*, por exemplo, o que implica que os animais sejam sangrados vivos); ou, para finalizar com um caso que gera grande comoção em vários países europeus, as isenções de códigos de indumentária para permitir a frequência de escolas com vestes tradicionais de certos grupos (ao contrário do que se passa em França, desde a chamada "lei Stasi"), ou ainda o caso mais específico de isenção de uso do capacete de segurança para a minoria sique, de modo a permitir-lhe conduzir motociclos ou trabalhar em estaleiros nos quais o uso de capacete é obrigatório por lei para a generalidade da população.

Os exemplos de direitos poliétnicos poderiam suceder-se, especialmente os que dizem respeito a isenções legais (em termos jurídicos, uma isenção da lei também pode ser considerada um direito). Eles são sempre fruto de grandes discussões e paixões, na medida em que criam um estatuto de desigualdade jurídica das comunidades minoritárias e também porque esta desigualdade é correntemente percebida como discriminatória em relação aos membros da cultura maioritária.

Uma terceira categoria a considerar é a dos direitos especiais de representação política. Estes implicam a reserva no parlamento ou em outras instituições representativas de lugares (quotas) para os membros de minorias e tanto podem convir a nações históricas como a grupos de imigrantes ou outros sem base territorial. Em termos técnicos, há diversas formas de o fazer. Os membros das minorias em causa podem recensear-se como membros de uma minoria. Ou podem ser desenhadas circunscrições eleitorais restritas aos bairros ou áreas onde essa minoria é maioritária. Ou então pode obrigar-se à inclusão nas diversas listas eleitorais de membros das minorias.

Esta última estratégia, aliás, é usada também como forma de discriminação positiva em termos de género, nomeadamente em Portugal. Mas, na sua aplicação às minorias culturais, a mesma estratégia tem um sentido diferente. Enquanto que, no caso das mulheres, se trata de um política provisória com vista ao equilíbrio na representação política dos géneros, no caso do multiculturalismo, pelo menos quando aplicado a nações históricas, trata-se de uma política permanente e não a prazo, tendo em vista a perpetuação da representação parlamentar ou outra de grupos claramente distintos (por exemplo, os Maoris na Nova Zelândia). Portanto, o que parece igual – a discriminação positiva – pode ter sentidos muito diferentes. Este é o tipo de distinções subtis que costumam escapar às discussões públicas sobre o multiculturalismo. Mas uma filosofia multiculturalista que não seja capaz de compreender e dar sentido a estes pormenores não passará de um exercício excessivamente abstracto e especulativo.

A defesa das políticas e, sobretudo, dos direitos multiculturais – aquilo a que se pode chamar com propriedade "multiculturalismo", enquanto distinto do facto da multiculturalidade – confronta-se com uma objecção-tipo: a outorga destes direitos pode levar à opressão dos indivíduos que não desejam conformar-se com as práticas dos grupos a que estão vinculados. Nem todos os membros de uma cultural societal minoritária aspiram ao reconhecimento da sua diferença em termos políticos e jurídicos.

Para contornar este problema, Kymlicka propõe a distinção entre "protecções externas" e "restrições internas". As políticas e os direitos multiculturais devem sempre ser vistos como providenciando protecções externas para as culturas minoritárias e os seus membros, face à dominância da cultura maioritária. No entanto, as políticas e direitos multiculturais não podem justificar restrições internas às liberdades dos membros das culturas minoritárias. Recordemos que o argumento de base a favor do multiculturalismo liberal assenta na protecção das liberdades individuais e do seu valor. Não faria portanto sentido que esse mesmo multiculturalismo redundasse na opressão de alguns indivíduos.

Embora Kymlicka forneça uma boa via conceptual para lidar com o problema, é possível que ela não seja suficiente. Nos casos mais prementes verificados na Europa – e também em Portugal –, como sejam a reivindicação por parte de algumas comunidades da possibilidade legal de praticar a excisão feminina, ou os casamentos arranjados, por exemplo, o problema está precisamente no facto de que os que reivindicam tais direitos o fazem em nome de uma protecção externa, mas a cultura jurídica das democracias liberais europeias tende a ver essas reivindicações como restrições internas. Um exemplo ainda mais difícil é o da poligamia: a sua legalização tanto pode ser vista como uma protecção externa como uma restrição interna.

Em qualquer dos casos, a necessidade de resolver alguns problemas específicos no seio da teoria de Kymlicka não invalida necessariamente o seu argumento geral. Kymlicka salienta o facto de que a nossa resistência aos direitos multiculturais vem do facto de estarmos demasiado imersos na cultura dos direitos humanos triunfante no pós-Segunda

Guerra Mundial. Com efeito, depois de um genocídio que assentava precisamente na marcação étnica dos indivíduos, a Declaração Universal dos Direitos Humanos veio consagrar a ideia de universalidade dos direitos iguais para todos.

Neste contexto do pós-guerra, a ideia de direitos especiais para a protecção de culturas societais minoritárias foi totalmente esquecida. No entanto, ao voltarmos agora a essa ideia, segundo Kymlicka, estamos a recuperar tradições políticas e jurídicas que vingaram antes da Segunda Guerra, nomeadamente no quadro da Sociedade da Nações. Aí a ideia da diferenciação dos direitos com vista à protecção das minorias era facilmente aceite.

Apesar da importância dos contributos de autores como Taylor e Kymlicka, é também necessário ter em conta que existem argumentos antimulticulturalistas, tanto de um ponto de vista comunitarista como de um ponto de vista liberal em sentido lato. Uma perspectiva republicana como a de David Miller, por exemplo, muito influenciada por Walzer, acentua a importância do exercício activo da cidadania e considera que esse exercício só pode ter lugar de um modo efectivo no quadro da comunidade política definida por fronteiras. Miller utiliza o conceito de nação sobretudo como um espaço cívico, mas que não deixa de conter elementos culturais comuns que o solidificam. A integração da diversidade faz-se pela construção comum da cidadania e não através de políticas multiculturalistas [32].

Um filósofo liberal igualitário, Brian Barry, é autor daquele que é o livro mais contundente contra as diversas justificações do multiculturalismo, com especial incidência em autores como Taylor e Kymlicka [33]. Barry considera que

---

[32] Cf., em especial, David Miller, *Citizenship and National Identity*, Cambridge, Polity, 2000.

[33] Referimo-nos a Brian Barry, *Culture and Equality: An Egalitarian Critique of Multiculturalism*, Cambridge, Polity, 2001.

a ideia de comunidade cultural distinta é geralmente mal definida e que, em todo o caso, não justifica a outorga de direitos especiais e a consequente brecha na igualdade da cidadania dentro de um mesmo Estado. O modelo seguido por Barry é o da tolerância religiosa na Europa moderna. Esta veio resolver o problema das guerras de religião, precisamente mediante a concessão a todos de uma cidadania igual, com os mesmos direitos e deveres, e a ideia de laicidade do Estado. A mesma "receita" deverá ser utilizada para lidar com a diversidade cultural, construindo uma cidadania igual e um Estado neutro quanto às pertenças culturais dos cidadãos. As políticas multiculturalistas, segundo Barry, agravam os problemas colocados pela multiculturalidade, em vez de os resolverem.

Note-se que Barry, sendo adepto de um intervencionismo estatal em matérias económicas e sociais, acaba por assumir uma posição libertarista no que diz respeito à multiculturalidade. Ou seja, a solução para as questões levantadas pela multiculturalidade e pelas reivindicações de diversas comunidades culturais são por ele resolvidas através de um mecanismo abstencionista. Libertários como Nozick não deixariam de concordar. No argumento libertarista mais clássico, não cabe ao Estado traçar as diferentes identidades culturais, mas também não lhe cabe a prossecução de muitos outros objectivos que decorrem de uma visão mais igualitária da justiça.([34])

([34]) É possível elaborar um teoria libertarista do multiculturalismo, advogando que o Estado se deve manter ausente das relações interculturais. Uma teoria deste tipo pode ser encontrada, por exemplo, num libertarista de matriz hayekiana: Chandran Kukathas, *The Liberal Archipelago*, Oxford, Oxford University Press, 2003.

Capítulo VI

Uma justiça global?

O presente e último capítulo não é tão exaustivo como os anteriores e tem um carácter meramente sugestivo. Temos de reconhecer que a Filosofia Política da globalização está ainda a dar os seus primeiros passos. Tal como aconteceu na reflexão sobre a multiculturalidade, a Filosofia Política está aqui atrasada em relação às Ciências Sociais e Humanas, especialmente face à Sociologia. Embora a quantidade de literatura filosófica que está neste mesmo momento a ser produzida em torno das diversas temáticas ligadas à globalização seja imensa, não nos parece ter surgido ainda o Rawls da Filosofia Política da globalização. Mas isso talvez se deva ao facto de que a ave de Minerva só levanta voo ao entardecer.

As áreas filosoficamente relevantes que os fenómenos de globalização interpelam são inúmeras: a Filosofia dos Direitos Humanos, face à renovada importância do Direito Internacional dos Direitos do Homem e ao desenvolvimento de uma justiça criminal global, com a criação do Tribunal Penal Internacional; a Teoria da Guerra Justa, com especial incidência nos problemas ético-políticos ligados ao combate ao terrorismo – muitas vezes incorrendo no dilema das "mãos sujas" – e às teorias da intervenção humanitária; a Filosofia das Migrações, tendo especialmente em vista a questão dos critérios morais para a aceitação, ou não, da mobilidade dos indivíduos através das fronteiras existentes; a Filosofia do Ambiente, não apenas face à gravidade dos problemas, mas também diante da necessária globalização das soluções; a Teoria da Democracia, face à possibilidade de adaptação do pensamento democrático à esfera mundial e aos mecanismos de governança global; as Teorias Éticas, diante das pressões a favor de uma moral cosmopolita, a partir das suas referências estóicas, kantianas e utilitaristas, mas confrontada com as obrigações morais especiais face aos que estão mais próximos; a Metaética, diante dos desafios do relativismo moral colocados pela maior visibilidade de culturas com uma visão alternativa à das tradições ocidentais, etc. No entanto, o nosso tema central aqui é apenas um: o da teoria da justiça no sentido económico ou de distribuição dos rendimentos e da riqueza, a nível global.

Estranhamente, as questões da justiça distributiva global foram pouco abordadas até à transição do século XX para o século XXI. As principais correntes de pensamento contemporâneas desenvolveram-se abordando o tema da justiça económica, mas no pressuposto nem sempre muito explícito de que ele se restringia ao domínio interno de cada Estado. Rawls pensa a justiça para a estrutura básica de sociedades domésticas; Nozick justifica o Estado mínimo pensando nos Estados individualmente considerados; Walzer assenta a sua reflexão nas comunidades políticas tal como definidas pelos Estados modernos.

Mas a não teorização da justiça económica global por parte destes autores não é um simples esquecimento. Liberais e comunitaristas tendem a opor-se à própria possibilidade de teorização da justiça global. Esse facto seria expectável da parte dos libertaristas como Nozick (excluindo o caso especial dos libertaristas de esquerda), uma vez que rejeitam a própria possibilidade da justiça distributiva, mesmo ao nível de cada Estado. Mas também os pensadores mais igualitários, como Rawls ou Walzer, descartam explicitamente a possibilidade de uma justiça distributiva global.

As razões comunitaristas para a recusa da própria ideia de justiça global são provavelmente mais expectáveis do que as razões do liberalismo igualitário. Segundo Walzer, como vimos, a justiça não deve ser pensada a partir de um universalismo abstracto, mas antes tendo como ponto de partida as comunidades políticas concretas e os seus entendimentos morais partilhados. A comunidade global, na qual esses entendimentos poderiam emergir globalmente, é uma mera ficção cosmopolita. A justiça é sempre local e nunca global. Segundo a mesma lógica, isso não impede a assistência humanitária por parte das comunidades que o entendam dever fazer.

As razões para a recusa da justiça global por parte do liberalismo igualitário são mais complexas. Rawls considera que a justiça fortemente distributiva como a que ele defende na obra *Uma Teoria da Justiça* é aplicável aos povos que têm uma cultura política liberal e democrática, mas não necessariamente às sociedades tradicionais ou hierárquicas[35]. Estas poderão ser "sociedades decentes" no sentido de respeitarem alguns direitos humanos fundamentais, de terem uma ideia de justiça baseada no bem comum e de possuírem sistemas de consulta democrática. Mas não decorre daí que devam ser necessariamente justas, no sentido que decorre da "justiça como equidade". Ora, se nem todas as sociedades do mundo devem necessariamente ser, de *per si*,

---

[35] Para esta questão, cf. John Rawls, *The Law of Peoples*, Cambridge, Mas., Harvard University Press, 1999. Neste caso, a versão original da obra é preferível à tradução portuguesa.

justas, então o mesmo se aplica, e com mais razão, a uma esfera global.

A Lei dos Povos teorizada por Rawls, isto é, os fundamentos filosóficos do Direito Internacional, estabelece limites morais à soberania dos Estados, tanto a nível interno – em relação aos seus próprios cidadãos –, como a nível externo. Mas não transfere para o nível global a teorização liberal igualitária da justiça. Ao nível internacional, as regras de convivência entre os povos têm de ser aceitáveis quer para povos liberais, quer para povos hierárquicos. Isto é, as mesmas regras têm de ser aceitáveis para a generalidade dos povos decentes e não apenas para sociedades como as europeias e americanas, herdeiras das revoluções liberais do final do século XVIII e princípio do século XIX. Assim, a aplicação do dispositivo da posição original com vista a estabelecer os princípios da Lei dos Povos funciona com partes que são representantes de povos e não de indivíduos.

Este elemento levemente relativista – ou, pelo menos, pluralista – da teoria rawlsiana do Direito Internacional, é contrariado apenas pelo chamado "dever de assistência" de todos os povos decentes aos povos especialmente sobrecarregados. Mas este dever de assistência aplica-se apenas a situações excepcionais de privação e cessa quando essas situações são suplantadas. Apesar de, em termos práticos, este dever de assistência ser bastante mais exigente do que aquilo que a generalidade dos Estados costuma fazer em situações de privação extrema de alguns povos no mundo contemporâneo, ele não pode ser considerado um princípio de justiça global. Trata-se tão só de um dever humanitário com vista a permitir aos povos do mundo aceder à categoria de povos decentes e, dessa forma, participar no concerto das nações.

A recusa de Rawls em traduzir os seus princípios da justiça em princípios globais assenta na ideia de que os povos têm culturas diferenciadas, incluindo culturas políticas diferenciadas, e que o desenvolvimento económico e social não pode ser separado de factores culturais (Rawls é influenciado pelo trabalho de David Landes sobre a riqueza e pobreza das nações, no seguimento das conhecidas teses de Weber sobre a relação entre a ética protestante e o capitalismo). Para que existisse a possibilidade de uma justiça global seria necessário não apenas um Estado global, mas também um povo global. Ora, este não existe certamente e aquele, como suspeitam até muitos cosmopolitas (basta pensar em Kant), não é necessariamente desejável.

A perspectiva de Rawls, no entanto, está longe de concitar acordo entre os liberais igualitários. Disso são exemplo dois dos seus principais discípulos, Charles Beitz e Thomas Pogge. Ambos se mostraram desde há muito insatisfeitos com a perspectiva rawlsiana e têm desenvolvido a teoria liberal igualitária no sentido de a transformar numa filosofia da justiça distributiva global.

Charles Beitz foi o primeiro autor a sugerir a aplicação da concepção de "justiça como equidade" e do próprio mecanismo neocontratualista da "posição original" à esfera internacional([36]). Por um lado, a ordem internacional tem cada vez mais parecenças com a estrutura básica de uma sociedade doméstica. Isso faz com que o "objecto da justiça", na linguagem rawlsiana, exista também a nível internacional. Por outro lado, Beitz pensa que o neocontratualismo tem todas as condições para fornecer os fundamentos filosóficos de uma concepção da justiça para a estrutura básica internacional.

Tal como existe um sistema de cooperação social ao nível de cada sociedade doméstica, existe também – e cada vez mais – um sistema de cooperação, e também conflito,

---

([36]) Charles Beitz, *Political Theory and International Relations*, 2.ª ed., Princeton, Princeton University Press, 1999.

ao nível internacional. As transacções económicas globais, incluindo o comércio, o investimento, os fluxos financeiros, a circulação de trabalhadores, etc., criam essa interdependência. O funcionamento da economia internacional tem consequências para todos os implicados no sistema que são, crescentemente, todos os cidadãos do planeta. A esta interdependência deve acrescentar-se a existência de regras globais, as do Direito Internacional, e de um verdadeiro enquadramento institucional, associado a entidades como a Organização Internacional do Trabalho ou, mais recentemente, a Organização Mundial do Comércio (outros exemplos incluiriam o Fundo Monetário Internacional, o Banco Mundial, e por aí adiante). Da existência de cooperação da qual decorrem benefícios e encargos para todos e da estrutura institucional que condiciona esses benefícios e encargos, pode deduzir-se a necessidade de estabelecer, também para a esfera global, um conjunto de princípios da justiça. De outra forma, deixaríamos essa esfera fora do alcance dos nossos juízos morais – o que não parece defensável.

Beitz propõe uma posição original global na qual as partes são representantes de todos os habitantes do planeta e já não apenas dos diferentes povos. O facto de ter nascido num país pobre ou num país rico, num país com mais ou menos recursos naturais, é pelo menos tão moralmente arbitrário como o são a família em que se nasce ou o conjunto de talentos naturais com que se nasce. O véu de ignorância garante que as partes não sabem qual a sociedade de origem das pessoas reais que representam. Se aceitarmos este passo, basta-nos depois presumir que a argumentação exposta por Rawls a partir da posição original, a favor dos dois princípios da justiça como equidade, se aplica da mesma forma à posição original global. Em conclusão, os princípios da justiça como equidade aplicam-se igualmente à estrutura básica global.

Daqui decorre que a distribuição global de rendimento e riqueza deveria obedecer ao princípio da diferença. Tal como na versão original, este princípio aplica-se a pessoas e não a Estados ou Povos. Aquilo que o princípio requer é a maximização da posição dos indivíduos mais desfavorecidos. Em termos práticos, isso implicaria com certeza a redução das desigualdades entre os países pobres e os países ricos. Mas implicaria, antes de mais, a minimização das desigualdades internas dentro dos próprios Estados. As regras da estrutura básica global incluem a existência de Estados. Por isso, estes são também e especialmente responsáveis pela implementação do princípio da diferença globalizado.

Como o próprio Beitz viria recentemente a reconhecer, a sua teoria engloba uma "tese fraca" e uma "tese forte". A tese forte consiste na defesa do princípio da diferença como princípio para a justiça distributiva internacional. Esta tese forte gera resistências baseadas em princípios por parte daqueles que consideram que o plano global não tem a mesma estrutura moral do que o plano doméstico e que há obrigações morais especiais que derivam da proximidade e não podem ser tornadas equivalentes às obrigações humanitárias. Mas a tese forte também suscita múltiplas objecções de natureza prática, já que as dificuldades que a aceitação de um princípio como o da diferença gera no plano nacional seriam extremamente agravadas no plano internacional, com tradições políticas e culturais extremamente diversificadas.

Beitz não desiste da tese forte, mas insiste na importância da tese fraca, ou seja, da ideia de que não podemos deixar de pensar a justiça distributiva a nível global, apesar das dificuldades, e que é inegável que existe algo como uma estrutura básica global que não deixa de afectar os indivíduos onde quer que eles estejam e independentemente das fronteiras entre os Estados. É precisamente a partir desta tese fraca que se tem desenvolvido, mais recentemente, o trabalho de Thomas Pogge ([37]).

Embora não descartando a tese forte e a relevância do princípio da diferença, Pogge chama a atenção para o facto de que, se deixarmos de nos centrar nas sociedades ocidentais e pensarmos globalmente, os requisitos da justiça devem começar por assentar num "princípio de suficiência". Segundo este, as desigualdades económicas e sociais só são aceitáveis desde que associadas à exigência de que ninguém viva abaixo do que é considerado o mínimo suficiente. Esse mínimo deve estar situado acima de, pelo menos, um dólar por dia. Ora, acontece que cerca de 20% da população mundial vive com menos de um dólar por dia e isso repugna à nossa consciência moral.

Segundo Pogge, a estrutura básica global é pelo menos parcialmente responsável por esta situação. Ela é composta por um complexo conjunto de acordos e organizações que regulam – bem ou mal – as transacções financeiras, patentes, contratos de trabalho, exploração de recursos, empréstimos, e por aí adiante. O problema mais saliente desta estrutura é que ela não apenas não faz justiça ao conjunto dos habitantes do planeta, promovendo maior igualdade, como contribui directamente para a desigualdade global. Antes mesmo de procurarmos os princípios de uma estrutura perfeitamente justa, devíamos pelo menos evitar que esta estrutura contribua para piorar a situação, causando dano aos mais desfavorecidos.

Pogge tem-se dedicado a explicitar mecanismos específicos, ínsitos à estrutura básica global, que causam especial dano aos mais pobres. Entre estes, contam-se o «privilégio de acesso a recursos naturais» e o «privilégio de acesso a empréstimos da banca internacional». De acordo com as

---

([37]) Cf., em especial, Thomas Pogge, *World Poverty and Human Rights*, Cambridge, Polity, 2002.

regras do direito internacional e da generalidade das instituições internacionais, os indivíduos e grupos que consigam deter o monopólio da violência legítima (em termos sociológicos, não morais) num determinado país são aceites como representantes desse país. Não importa a forma como chegaram ao poder e o mantêm (seja pela via democrática, por golpe de Estado, corrupção, ou outros meios). Reconhecidos como governantes legítimos na arena internacional, eles têm o direito de fixar as regras para a exploração dos recursos naturais dos seus países, assim como de endividar os seus Estados junto da banca internacional.

Ao aceitar a contracção de empréstimos até por parte de governantes claramente violentos e corruptos, a ordem internacional permite que eles possam comprometer o futuro das actuais e próximas gerações do seu povo. Mesmo depois de substituídos os governantes, o Estado devedor é integralmente responsável pelas suas dívidas e a banca internacional não deixa nunca de as cobrar. Em termos práticos, este privilégio de acesso a empréstimos funciona como incentivo ao surgimento e manutenção de governos corruptos, assim como impõe uma pesada herança a eventuais governos democráticos que lhes sucedam.

O privilégio de acesso a recursos naturais, para além do controlo efectivo dos recursos de um país pelos seus governantes, permite que estes procedam à transferência da propriedade desses recursos – muitas vezes para empresas multinacionais – comprometendo assim o futuro do país por tempo indeterminado e impedindo que os seus recursos naturais sejam explorados da melhor forma, para benefício do próprio povo. Este privilégio dá também um grande impulso à corrupção internacional e ao uso do suborno por parte das empresas multinacionais com vista a garantir a propriedade de recursos nos países em desenvolvimento. O mesmo privilégio é muitas vezes responsável pela existência de guerras civis em países ricos em recursos naturais, financiadas por aqueles que pretendem, através dos agentes locais, aceder aos recursos naturais disponíveis.

Pogge aceita a ideia rawlsiana de um dever de assistência aos povos mais desfavorecidos e considera que essa assistência é mesmo essencial no combate à pobreza. Porém, ele insiste na ideia de que, para além da obrigação moral positiva de providenciar essa assistência, existe a obrigação moral negativa de não causar dano aos mais pobres. Ora, uma vez que as regras da estrutura básica internacional causam dano aos mais pobres – como foi ilustrado acima pelos privilégios de acesso a empréstimos e recursos naturais – nós temos a obrigação negativa de mudar as regras desse sistema para não causar dano aos mais pobres.

Apesar dos desenvolvimentos que acabámos de recensear na Teoria da Justiça Global e dos muitos trabalhos mais recentes ou actualmente em curso, este campo não está de forma alguma estabelecido. Para além das desconfianças naturais de libertaristas e comunitaristas, é dentro do próprio campo liberal igualitário posterior a Rawls que têm surgido algumas das críticas mais sólidas à ideia de justiça global. Refiro-me, muito em especial, à intervenção de Thomas Nagel num artigo intitulado "The Problem of Global Justice"([38]).

Contra Beitz, Pogge e todos os teóricos da justiça global, Nagel defende a ideia de que a moralidade prevalecente entre os cidadãos de um mesmo Estado é radicalmente diferente da que liga todos os seres humanos. Embora não enjeitando o cosmopolitismo e defendendo uma moral humanitária global, Nagel chama a atenção para o facto de a justiça económica, por ser igualitária e exigir muito – em termos fiscais – de todos e especialmente dos mais ricos, só poder ter lugar no quadro da relação especial dos cidadãos mediada pelo Estado democrático.

([38]) Thomas Nagel, "The Problem of Global Justice", *Philosophy and Public Affairs*, vol. 33, N. 2, 2005, pp. 113-47.

O Estado (democrático) pode legitimamente exigir a obediência dos cidadãos e pedir-lhes grandes contribuições para realizar na prática a justiça económica precisamente porque também trata os cidadãos em termos de igualdade e justiça. Mas, fora do Estado, esse tipo de reciprocidade moral não pode existir: os indivíduos não têm obrigações de obediência e o Estado não tem obrigações de justiça. Assim, a justiça global só teria mesmo sentido se existisse um Estado global – o que não é o caso.

É claro que este tipo de objecção à justiça global liberal igualitária pode ser ultrapassado de um modo radical se sairmos deste paradigma e adoptarmos o Princípio de Utilidade. Neste caso, como há muito vem defendendo Peter Singer, existe o dever de ajudar por imperativo de utilidade, não por imperativo de justiça. Segundo o princípio da utilidade marginal decrescente, a mesma quantidade de algo – neste caso, de riqueza – cria maior bem-estar naqueles que têm menos à partida. Por isso as transferências para os mais pobres estão sempre justificadas até ao limite da utilidade marginal decrescente (a situação em que aqueles que transferem ficariam pior do que aqueles para quem é feita a transferência). Mas, para corrigir o carácter superrogatório desse dever de ajudar, Singer propõe que Estados e cidadãos ajudem os mais pobres pelo menos até ao ponto em que essa ajuda não implique o sacrifício de aspectos fundamentais do modo de vida dos países mais ricos.([39])

([39]) Cf., por exemplo, Peter Singer, *Ética Prática*, Lisboa, Gradiva, 2000, Cap. 8.

Consideração finais

Se o conceito de justiça nos convida a adoptar um *plateau* igualitário com vista a determinar a correcta distribuição de direitos e deveres por parte das instituições sociais, as diferentes concepções aqui visitadas estabelecem visões muito distintas sobre esses mesmos direitos e deveres e o modo de articular a ideia de igualdade na sua distribuição.

Assim, a concepção liberal-igualitária, na visão de Rawls, considera necessário distribuir liberdades igualmente – e com prioridade lexical –, mas também uma igualdade de oportunidades equitativa e não meramente formal, e ainda maximixar a posição dos mais desfavorecidos, ainda que sem eliminar totalmente as desigualdades económicas e sociais, uma vez que elas funcionam como um sistema de incentivos (e, além do mais, a sua eliminação total implicaria provavelmente o cancelamento das liberdades). Não vamos aqui repetir o que foi dito no capítulo II, nem ilustrar a complexidade teórica que permite justificar estes princípios, assim como mostrar que eles podem dar origem a uma sociedade viável. Pensamos ter ficado claro que a concepção liberal-igualitária permite efectivamente hierarquizar, de um ponto de vista moral, as diferentes pretensões sociais – para este aspecto, é importante a prioridade lexical – e dar uma indicação suficientemente explícita sobre os aspectos nos quais cada um deve ser tratado como igual ou como desigual pelas regras institucionalmente fixadas.

A perspectiva libertarista, na sua versão mais canónica (excluindo o "libertarismo de esquerda"), concorda com a igual distribuição das liberdades, sem qualquer discriminação especial, mas rejeita a inclusão na concepção da justiça e nas instituições estatais da hierarquização das pretensões sociais relativas a oportunidades equitativas e à distribuição da riqueza. A ideia de igualdade, portanto, fica aqui reduzida no seu alcance, mas apenas, do ponto de vista dos próprios libertaristas, para salvaguardar melhor a liberdade e a propriedade de cada indivíduo. O *plateau* igualitário, no qual não deixa de se colocar a concepção libertarista da justiça, abre assim a possibilidade de uma grande desigualdade ao nível económico e social.

Para o comunitarismo, na interpretação de Walzer, a determinação do que cabe a cada um, dos seus direitos e respectivos deveres, não é susceptível de decisão *in abstracto*, mas apenas em cada comunidade política concreta, no espaço e no tempo. A igualdade inerente à justiça não pode ser estabelecida de forma universalista para um conjunto determinado de bens ou direitos. Os próprios princípios da justiça são pluralistas e, como tal, cada comunidade deve chegar a um entendimento partilhado sobre o modo de distribuir os diferentes benefícios e encargos. A igualdade não se obtém directamente pela igual distribuição de alguns deles, mas antes pelo evitar que algum ou alguns deles tenham um efeito predominante, gerando assim também o domínio dos grupos que monopolizam esses bens sobre os outros indivíduos.

Note-se que qualquer uma destas concepções de justiça tem de enfrentar os desafios colocados pela multiculturalidade das sociedades em que vivemos actualmente. Isso é possível a partir de uma perspectiva liberal-igualitária, mostrando a importância da pertença cultural para o exercício das liberdades básicas e procurando protegê-lo através da outorga de direitos multiculturais. Mas a mesma visão liberal-igualitária pode negar essa deriva multiculturalista, precisamente em nome de uma "justiça cega" e da necessidade de tratar a todos por igual, independentemente das suas identidades culturais.

Uma concepção comunitarista, porque estabelece desde o início o valor da pertença comunitária dos indivíduos, poderá acomodar mais facilmente as exigências políticas e legais do multiculturalismo, em nome da ideia de que as comunidades têm de fazer e proteger determinadas coisas em comum, ainda que isso tenha algum preço a pagar pelos indivíduos concretos. Porém, é também possível conceber um comunitarismo nacionalista e conservador inteiramente fechado às exigências do multiculturalismo, favorecendo antes a manutenção (ou construção) da homogeneidade étnica das comunidades políticas.

De um ponto de vista libertarista, o Estado justo deverá ser mínimo e, portanto, não terá de se intrometer na vida interna das comunidades culturais. O Estado é o enquadramento para todas as utopias e, portanto, também para as utopias comunitárias dos diferentes grupos étnicos, desde que no respeito pelas liberdades fundamentais atinentes à propriedade de si mesmo. Esta última ideia é sempre a pedra de toque da concepção libertarista.

A estratégia de abstenção por parte do libertarismo funciona também em relação aos desafios à realização de uma justiça económica e social à escala global. A justiça global libertarista corresponde simplesmente à garantia dos direitos de propriedade existentes, à abertura generalizada dos mercados e à redução da dimensão e impactos sociais de qualquer Estado que seja mais extenso do que o Estado mínimo.

A visão mais contrastante com esta é a que é providenciada pela concepção comunitarista. Neste ponto, é a própria globalização libertarista que é criticada, considerando-se que a realização da justiça não pode ser atingida globalmente, mas apenas ao nível de cada comunidade política e cultural específica. Só aí se podem gerar os sentidos partilhados sobre os bens a distribuir e os modos da sua distribuição. Fora das comunidades concretas, a própria ideia de justiça perde o seu sentido.

Na concepção liberal-igualitária, que sempre procura o melhor equilíbrio entre o indivíduo e a comunidade – tal como entre a liberdade e a igualdade social –, é possível perspectivar a justiça global considerando que ela se aplica a uma estrutura básica também global. Esta estrutura existe e está cheia de injustiças que urge combater. Talvez isto possa ser reconhecido por parte dos liberais-igualitários que se opõem à possibilidade da aplicação da justiça fora de cada Estado específico, ficando-se pela defesa da ajuda humanitária. Mas a sua crítica das limitações da justiça global chama certamente a atenção para as dificuldades práticas desta ideia.

No fim do nosso percurso, espero que seja possível compreender melhor as alternativas existentes no pensamento contemporâneo sobre a justiça, as suas *nuances* e diferentes possibilidades, mas também a necessidade de pensar a justiça para o mundo em que vivemos. Com efeito, a reflexão sobre a justiça ou injustiça das instituições sociais não é algo que nos possamos dar ao luxo de prescindir. Quer queiramos quer não, vivemos em comunidades políticas e num mundo global com instituições que condicionam os aspectos em que cada um de nós é tratado com igualdade ou desigualdade, que distribuem os benefícios e encargos da vida em sociedade, por vezes de forma extremamente desequilibrada e difícil de justificar. Conceptualizar a justiça e pensar em que sentido a acção política a deve encaminhar não é uma questão meramente académica. É também a única forma de assegurar que uma qualquer comunidade política pluralista, mesmo o mundo globalizado, possam existir ao longo das gerações, com estabilidade, concitando o apoio dos cidadãos para os seus valores básicos e para as instituições que os realizam.

Bibliografia comentada

Esta bibliografia visa referir os livros mais relevantes para todos aqueles que pretendam aprofundar a conceptualização contemporânea da justiça, consultar as principais fontes, ou simplesmente cotejar o que aqui leram com panoramas alternativos da mesma temática.

A melhor obra disponível no mercado internacional – infelizmente, não em português – é: Will Kymlicka, *Contemporary Political Philosophy: An Introduction*, 2.ª ed., Oxford, Oxford UP, 2002. O livro de Kymlicka constitui, no entanto, uma "falsa introdução", já que requer uma leitura atenta e exigente. Mas esta leitura pode ser complementada por outra, mais acessível e também em inglês: Adam Swift, *Political Philosophy: A Beginners' Guide for Students and Politicians*, Cambridge, Polity, 2001, um livro que Swift escreveu quando soube que Tony Blair se tinha lamentado em público por não ter estudado Filosofia Política na universidade (se Blair chegou a ler o livro, já terá sido tarde de mais para o seu legado político). Num estilo de verdadeiro entretenimento filosófico, mas com qualidade, pode ler-se o livro recentemente publicado por Michael Sandel, *Justice: What's the Right Thing To Do?*, Penguin Books, London, 2009. Este livro reproduz as aulas de Sandel em Harvard, naquela que era considerada a disciplina mais popular entre os estudantes da universidade americana.

Em português, pode e deve ser lido, de Christian Arnsperger e Philippe Van Parijs, *Ética Económica e Social*, Porto, Afrontamento, 2004. O título pouco inspirador esconde um belíssimo livrinho sobre a justiça, tanto em termos teóricos como aplicados. Por autores portugueses, recomendamos: João Cardoso Rosas (org.), *Manual de Filosofia Política*, Coimbra, Almedina, 2008. Excluindo o organizador, esta obra reúne textos de muitos dos melhores pensadores políticos portugueses. Embora um pouco mais antigo e menos entusiasmante, aconselha-se também: Chandran Kukathas e Philip Pettit, *Rawls: «Uma Teoria da Justiça» e os seus Críticos*, Lisboa, Gradiva, 1995. Para aqueles que quiserem complementar a perspectiva contemporânea com referências à história da Filosofia Política, há vantagens na leitura da obra, muito introdutória, de Jonathan Wolff, *Introdução à Filosofia Política*, Lisboa, Gradiva, 2004. Finalmente, uma perspectiva romanceada e humorística das teorias da justiça pode ser encontrada em Steven Lukes, *O Curioso Iluminismo do Professor Caritat*, Lisboa, Gradiva, 1996.

As principais obras do grande pensador do liberalismo igualitário, John Rawls, estão disponíveis em português: *Uma Teoria da Justiça*, Lisboa, Presença, 1993 [1.ª ed. em inglês: 1971] e *Liberalismo Político*, Lisboa, Presença, 1997 [1.ª ed. em inglês: 1993], ambas em boas traduções. Em inglês, podem ser consultadas: *Justice as Fairness: A Restatement*, Cambridge, Mass., The Belknap Press of Harvard UP, 2001, uma espécie de súmula final do pensamento de Rawls feita a partir de apontamentos utilizados nas aulas em Harvard e *Collected Papers*, (org.) Samuel Freeman, Cambridge, Mass., Harvard University Press, 1999, obra que reúne os artigos publicados por Rawls ao longo dos anos. Rawls tem outras obras de interesse, nomeadamente um pequeno livro de final de carreira sobre os fundamentos filosóficos do Direito Internacional – *The Law of Peoples*, Cambridge, Mass, Harvard University Press, 1999 –, assim como as lições sobre história da Filosofia Moral e as lições sobre história da Filosofia Política.

No que se refere ao comentário a Rawls, há actualmente três obras interessantes: Thomas Pogge, *John Rawls: His Life and Theory of Justice*, Oxford, Oxford University Press, 2006; Catherine Audard, *John Rawls*, Stocksfield, Acumen, 2007; e Samuel Freeman, *Rawls*, London, Routledge, 2007. Das três, a última é a melhor, embora também a mais volumosa. O livro de Pogge tem a curiosidade de desvendar um pouco da história pessoal e familiar de Rawls – um tema geralmente pouco visitado. Para quem tiver muito tempo disponível, aconselha-se a colectânea de Henry Richardson & Paul Weithman (orgs.), *The Philosophy of Rawls*, New York, Garland, 1999, em cinco volumes. Em formato mais contido, existe: Samuel Freeman (org.), *The Cambridge Companion to Rawls*, Cambridge, Cambridge UP, 2003. Aguarda-se ainda, para breve, a publicação do livro *The Cambridge Rawls Lexicon*, organizado por Jon Mandle e David Reidy.

No que se refere ao libertarismo, o *opus magnum* de Robert Nozick foi recentemente – e bem – traduzido para português: *Anarquia, Estado e Utopia*, Lisboa, Edições 70, 2009 [1.ª ed. em inglês: 1974]. As restantes obras de Nozick são sobre outros domínios filosóficos e não retomam a sua reflexão acerca da justiça, ou outros aspectos de Teoria Política.

Quanto à bibliografia passiva sobre a concepção de justiça de Nozick, o pequeno livro de Jonathan Wolff, *Robert Nozick: Property, Justice and the Minimal State*, Cambridge, Polity, 1991, é ainda uma referência. As outras obras a considerar são: Alan Lacey, *Robert Nozick*, Chesham, Acumen, 2001 e David Schmidtz, (org.), *Robert Nozick*, Cambridge, Cambridge University Press, 2002. No entanto, estas duas obras abordam o pensamento de Nozick nas suas várias facetas e são menos satisfatórias no que concerne à sua Filosofia Política. O leitor mais curioso e interessado no chamado "libertarismo de esquerda" que, partindo de Nozick, retira conclusões igualitárias que o próprio não subscreveria, pode recorrer ao dossiê sobre o tema preparado por Roberto Merrill e Vincent Bourdeau e publicado em *Diacrítica – Série de Filosofia e Cultura*, n.º 23, 2009 (revista do Centro de Estudos Humanísticos da Universidade do Minho). Os textos deste dossiê estão todos em francês e inglês.

Quanto à concepção comunitarista, a obra de Michael Sandel mais relevante para o tema tem uma excelente tradução para português: *O Liberalismo e os Limites da Justiça*, Lisboa, Fundação Gulbenkian, 2005 [1.ª ed. em inglês: 1982. A tradução portuguesa é feita a partir da 2.ª ed. em inglês, de 1998]. A teoria da justiça comunitarista e pluralista de Michael Walzer está também editada entre nós: *As Esferas da Justiça: Em defesa do Pluralismo e da Igualdade*, Lisboa, Presença, 1999 [1.ª ed. em inglês: 1983]. Há outros livros relevantes de Walzer para o tema da justiça, disponíveis em inglês, dos quais destacaríamos: *Thick and Thin: Moral Argument at Home and Abroad*, Cambridge Mass, Harvard University Press, 1994 e *On Toleration*, New Haven, Yale University Press, 1997. Para além destes, são de destacar as contribuições específicas de Walzer para a problemática da "guerra justa". Mas isso extravasa o objecto da nossa inquirição sobre a justiça.

Na literatura passiva sobre Sandel, Walzer e o comunitarismo em geral, na sua comparação com os individualismos liberais, sobressai a obra de Stephen Mulhall & Adam Swift, *Liberals and Communitarians*, 2.ª ed., Oxford, Blackwell, 1996. Apesar de já ter alguns anos, este livro é ainda uma referência. Por fim, para o leitor interessado no lado menos filosófico e mais prático ou político do comunitarismo, aconselha-se: Amitai Etzioni, *The Spirit of Community: Rights*,

Responsibiliies, and the Communitarian Agenda, Nova Iorque, Crown Publishers, 1993, ou ainda Henry Tam, *Communitarianism: A New Agenda for Politics and Citizenship*, Nova Iorque, New York University Press, 1998.

A bibliografia atinente ao tema da relação entre justiça e multiculturalismo é vastíssima. Mas as duas principais referências continuam a ser: Charles Taylor *et al.*, *Multiculturalismo*, Lisboa, Instituto Piaget, 1998 [1.ª ed. em inglês desta versão: 1994] e Will Kymlicka, *Multicultural Citizenship: A Liberal Theory of Minority Rights*, Oxford, Clarendon Press, 1995, inexplicavelmente sem tradução portuguesa. Este último autor, sobretudo, transformou-se ao longo dos últimos anos no principal porta-voz teórico da visão multiculturalista.

Outros livros influentes incluem, para uma visão multiculturalista alargada, Iris Marion Young, *Justice and the Politics of Difference*, Princeton, NJ, Princeton University Press, 1990 e, para uma visão estridentemente antimulticulturalista (embora de um ponto de vista igualitário e por um pensador muito inteligente), Brian Barry, *Culture and Equality: An Egalitarian Critique of Multiculturalism*, Cambridge, Polity Press, 2001.

Para os desafios que um mundo globalizado coloca à conceptualização da justiça social, utilizámos em especial a nova edição do velho livro de Charles Beitz, *Political Theory and International Relations*, 2.ª ed., Princeton, Princeton University Press, 1999 [1.ª ed. 1979] e a obra de Thomas Pogge, *World Poverty and Human Rights*, Cambridge, Polity, 2002. Será certamente interessante comparar a estratégia deontológica destes autores com a abordagem de Peter Singer, por exemplo em *Ética Prática*, Lisboa, Gradiva, 2000 [1.ª ed. em inglês: 1979]. Será também importante ver o *locus* teórico de onde partem autores como Beitz e Pogge, ou seja, da recusa por parte de Rawls em estender a sua teoria da justiça à esfera global, em John Rawls, *The Law of Peoples*, cit supra.

Nos anos mais recentes, têm sido publicados diversos livros relevantes para o tema da justiça global que não foram aqui explorados, mas que o leitor interessado terá vantagem em consultar para prolongar a reflexão que o nosso último capítulo deixou em aberto. Aconselha-se, em especial, Simon Caney, *Justice Beyond Borders: A Global Political Theory*, Oxford, Oxford University Press, 2005 e Kok-Chor Tan, *Justice Without Borders: Cosmopolitanism, Nationalism, and Patriotism*, Cambridge, Cambridge University Press, 2004 (ou outras obras do mesmo autor). Uma visão mais crítica do cosmopolitismo liberal, por um autor de tipo comunitarista, pode ser encontrada em David Miller, *National Responsibility and Global Justice*, Oxford, Oxford University Press, 2007.

Índice

Nota introdutória 7

Capítulo I – Justiça: conceito e concepções 11

Capítulo II – A concepção liberal-igualitária 21

Capítulo III – A concepção libertarista 55

Capítulo IV – A concepção comunitarista 77

Capítulo V – Justiça e multiculturalismo 99

Capítulo VI – Uma justiça global?. 115

Considerações finais. 127

Bibliografia comentada 133